Traducción y discapacidad

STUDIEN ZUR ROMANISCHEN SPRACHWISSENSCHAFT UND INTERKULTURELLEN KOMMUNIKATION

Herausgegeben von
Gerd Wotjak, José Juan Batista Rodríguez und Dolores García-Padrón

BAND 168

PETER LANG

Jaime Sánchez Carnicer

Traducción y discapacidad

Un estudio comparado de la terminología inglés-español en la prensa escrita

PETER LANG

Bibliografische Information der Deutschen Nationalbibliothek
The Deutsche Nationalbibliothek lists this publication in the Deutsche
Nationalbibliografie; detailed bibliographic data is available online at
http://dnb.d-nb.de.

ISSN 1436-1914
ISBN 978-3-631-87064-8 (Print)
E-ISBN 978-3-631-87537-7 (E-PDF)
E-ISBN 978-3-631-87538-4 (EPUB)
DOI 10.3726/b19567

© Peter Lang GmbH
Internationaler Verlag der Wissenschaften
Berlin 2022
All rights reserved.

Peter Lang – Berlin · Bern · Bruxelles · New York · Oxford · Warszawa · Wien

This publication has been peer reviewed.

www.peterlang.com

Inhaltsverzeichnis

Índice de Tablas

Índice de Figuras

Prólogo

La introducción de corpus en los Estudios de Traducción se remonta a la década de 1990. Tras 30 años, la lingüística de corpus aplicada a los Estudios de Traducción es un campo de investigación interdisciplinar bien establecido en todo el mundo cuyo crecimiento está supeditado y progresa de la mano de los avances tecnológicos que permiten diseñar, compilar y compartir corpus multilingües (orales, escritos y multimodales) como recursos para la investigación teórica, descriptiva y aplicada en los Estudios de Traducción e Interpretación (Calzada Pérez y Laviosa, 2021: 34)[1]. La web del conocimiento y las nuevas herramientas permiten procesar ingentes cantidades de datos en unos segundos (Ortego Antón, en prensa)[2], lo que ha favorecido el desarrollo de nuevas metodologías en los estudios contrastivos y de Traducción, especialmente a la hora de analizar la terminología y la fraseología multilingüe de campos pocos explorados hasta el momento, tales como la discapacidad y el uso de un lenguaje inclusivo por el que las personas con discapacidad quieren presentarse en sociedad, ser designadas y conocidas.

Un claro ejemplo del estudio de la terminología de la discapacidad en las lenguas española e inglesa es la obra que el lector tiene entre manos, que se caracteriza por describir y poner en práctica una rigurosa metodología basada en la compilación y análisis de un corpus virtual comparable español-inglés sobre discapacidad (DISCORP-PRESS) compuesto por noticias extraídas de cuatro de los principales diarios en las lenguas española e inglesa, a saber, *ABC, El País, The Guardian* y *The Telegraph*.

Estamos ante un trabajo bien estructurado, que es fruto de la investigación desarrollada por el Dr. Jaime Sánchez Carnicer en el seno de grupos de investigación internacionales de reconocido prestigio como el CITTAC (Centro de Investigación en Terminología Bilingüe, Traducción Especializada y Análisis Contrastivo) de la Universidad de Valladolid, dirigido por la Dra. Fernández Nistal, quien ayudó a sembrar y germinar el presente trabajo, del Grupo de

---

1   Calzada Pérez, María y Sara Laviosa (2021). «Un cuarto de siglo después: Tiempo para reflexionar sobre una nueva agenda de los ETBS». *MonTI*, 13, 33–61. DOI: http://dx.doi.org/10.6035/MonTI.2021.13.01

2   Ortego Antón, María Teresa (en prensa). La investigación en tecnologías de la traducción. Parámetros de la digitalización presente y la posible incidencia en el perfil de los futuros profesionales de la comunicación interlingüística. Berlín: Peter Lang.

Investigación Reconocido Traducción Humanística y Cultural, también de la Universidad de Valladolid, coordinado por el Dr. Zarandona Fernández, y, muy especialmente, el centro de investigación internacional CoLiTec (Corpus, Linguistics and Technology) de la Università di Bologna (Italia), donde el Dr. Sánchez Carnicer tuvo la oportunidad de participar en los trabajos en curso de la Dra. Bernardini y el Dr. Partington.

Además del rigor con el que se presenta este trabajo, me gustaría destacar el compromiso firme del Dr. Jaime Sánchez Carnicer con la discapacidad, un área por la que siempre ha mostrado una gran sensibilización, por motivos no solo personales, sino también por su deber como miembro de una sociedad igualitaria. De hecho, los resultados que se desprenden del cuidadoso análisis de la terminología que se emplea para denominar las realidades de esta área del saber en las lenguas española e inglesa tiene gran potencial de transferibilidad a la sociedad porque redundará en el uso de términos que no discriminen a las personas con discapacidad y tienen la posibilidad de materializarse en el desarrollo de diversas herramientas, recursos y aplicaciones multilingües como glosarios, bases de datos terminológicas o, incluso, guías de buenas prácticas para la traducción y para la comunicación multilingüe en español y en inglés en el área de la discapacidad.

En consecuencia, podemos afirmar que son numerosas las bondades que presenta esta obra. Entre sus aportaciones más importantes destaca la descripción que se perfila del área de la discapacidad, de la que ofrece diversas aproximaciones a su definición y aborda las múltiples orientaciones desde las que se puede acceder a este campo.

Otra aportación relevante de la mencionada obra concierne al protocolo seguido para la compilación de DISCORP-PRESS, que está detallado paso por paso y se caracteriza por la rigurosidad y la pertinente elección de herramientas novedosas que se ajustan a las necesidades de investigación perfiladas por el Dr. Sánchez Carnicer. De hecho, estamos ante un corpus de grandes dimensiones que ofrece resultados muy interesantes y que sigue teniendo una gran capacidad de explotación en el futuro ampliando el análisis a otros fenómenos, lo que puede convertirlo en un referente para extraer datos encaminados a mejorar la traducción en el campo de la discapacidad en las lenguas española e inglesa.

Asimismo, y no menos importante, destacaríamos la metodología propuesta para analizar el ejemplo de «personas» y «*people*», así como su fraseología. Dicha metodología se caracteriza por ser innovadora y tener la capacidad de replicarse en otros trabajos que se efectúen en campos del saber diferentes. Verdaderamente relevante resulta la comparativa de resultados atendiendo a la selección de unidades léxicas, a las colocaciones de dichas unidades léxicas, a los campos semánticos a los que pertenecen las colocaciones y a la temporalidad en la que se emplean dichas unidades léxicas.

Por todo lo anteriormente expuesto, estamos convencidos de que la obra que el lector tiene entre manos despertará inquietudes en otros investigadores y ayudará a incrementar el interés por la investigación sobre la terminología de la discapacidad en los Estudios de Traducción desde una perspectiva contrastiva y se podrá sumar a los trabajos centrados en audiodescripción, accesibilidad y traducción audiovisual. Asimismo, servirá para dotar a los traductores profesionales, a los redactores multilingües y a los futuros profesionales de la traducción y de la comunicación multilingüe de las nuevas competencias que demanda este nuevo contexto en los contenidos de las nuevas titulaciones de grado y de máster en el Espacio Europeo de Educación Superior.

Dra. María Teresa Ortego Antón
CITTAC, Universidad de Valladolid

1 Introducción

En la sociedad actual, es habitual tomarse a uno mismo y a los que nos son afines como referencia para establecer una valoración y catalogación del mundo que nos rodea, poniéndonos a nosotros mismos como ejemplo de «normalidad» y al resto de los individuos como diferentes, sea cual sea el aspecto en el que difieren de nosotros. Para poner de manifiesto y dejar constancias de esas diferencias poseemos el lenguaje y el uso que de él hagamos.

En este aspecto, uno de los ámbitos de la sociedad que más se ha visto afectado por uno de los usos que podemos hacer del lenguaje, concretamente el uso discriminatorio, es la discapacidad y todo lo que la rodea, debido a la cantidad de términos que poseen los diferentes idiomas para hacer referencia a alguna de las diferentes características, ya sean físicas, sensoriales o intelectuales, entre otras, que engloba este concepto.

No obstante, actualmente, somos testigos en las últimas décadas de una evolución en la sociedad, que busca la plena inclusión de las personas que tienen algún tipo de discapacidad y, por ello, tomando como punto de partida la Constitución Española, que entró en vigor en 1978, se han promulgado gran cantidad de leyes específicas que perseguían y persiguen este objetivo. Dentro de este documento, que entró en vigor hace más de cuarenta años, se emplea un término, «disminuidos» (físicos, sensoriales y síquicos), que sería impensable utilizarlo en la sociedad de hoy en día por todas las connotaciones negativas y discriminatorias que posee. En la actualidad, se utilizan otros términos y expresiones para referirse a las personas con discapacidad, muchos de ellos propuestos y consensuados por las diferentes asociaciones de personas con discapacidad existentes a nivel regional y nacional, tanto en España, como en Reino Unido, aunque, como señala Plena Inclusión (2017), no existe un consenso entre todas las organizaciones sociales.

Sin embargo, no solamente en los documentos legislativos encontramos la terminología de la discapacidad, existen otros, como aquellos que nos atañen en esta obra, que sirven para crear conciencia en la sociedad y en la que encontramos esta terminología, tanto la recomendada por las asociaciones, como la obsoleta. Entre estos documentos que muestran la lengua en uso se encuentran los producidos por los medios de comunicación y, más concretamente, los periódicos. Este tipo de documentos son fácilmente accesibles y se encuentran en continua actualización, por lo que representan el ejemplo perfecto del uso que se hace de la terminología de la discapacidad, así como de las colocaciones y connotaciones asociadas a ella; puesto que en ellas se perpetúan perjuicios y concepciones erróneas sobre las diversas discapacidades (Rubio, 2005).

Del mismo modo, la ideología en la que se encuadran, que no siempre queda disimulada dentro de la objetividad que se les presupone, nos permite estudiar estos términos desde diversas perspectivas, no únicamente lingüísticas. De hecho, como hemos señalado, las sociedades no son algo estático, sino que están en evolución y cambio permanentes, persiguiendo el avance y el adecuarse a la época en la que nos encontramos, por lo que imaginamos que el lenguaje y la terminología relativa a la discapacidad no permanece estática y sin modificación, sino que evoluciona, cambia y se adapta a ellas.

Por ello, teniendo en cuenta lo previamente mencionado, así como momentos clave como la Declaración de Salamanca (2004), en la que se establecieron unas bases en la prensa española para evitar la presencia de prejuicios y elementos que mostraran una visión negativa y ofensiva de la discapacidad, y la Convención sobre los Derechos de las Personas con Discapacidad (2006), posteriormente ratificada por España y Reino Unido, en la que se alentaba a todos los medios de comunicación a que difundieran una imagen adecuada de la discapacidad, en esta obra se presenta el corpus DISCORP-PRESS, que nos permitirá estudiar el comportamiento de la terminología de la discapacidad en la prensa española y británica desde una perspectiva contrastiva con una metodología basada en corpus.

Consideramos, por lo tanto, que debido a que no se le ha otorgado la importancia que merece a la terminología de la discapacidad, así como las colocaciones que esta presenta y las connotaciones que estas pueden aportar al concepto y la idea de discapacidad, es necesaria la compilación y posterior análisis del corpus que presentamos en esta obra, en la que pretendemos obtener una aproximación de la evolución de la terminología de la discapacidad utilizada en los medios escritos de referencia (periódicos españoles y británicos). Esta obra nos otorgará la posibilidad de dar la visibilidad que se merece a esta terminología, con el fin de que un mayor estudio nos permita conocer el porqué de su uso y el lenguaje que la acompaña, así como los términos considerados aceptados y no aceptados en las lenguas de este trabajo y la intención con la que se emplean, puesto que, como recoge la Confederación Española de Personas con Discapacidad Física y Orgánica (COCEMFE), «es importante no herir con nuestras palabras a otras personas, no menospreciar ni minusvalorar sus capacidades, aunque a veces no son las palabras empleadas sino la intención con la que se emplean» (COCEMFE, 2018: 5).

Por ello, partiendo de lo previamente mencionado, una obra como la que aquí se presenta estaría dirigida a un amplio número de receptores, tanto del sector de la prensa, como periodistas, reporteros, editores, redactores, etc., como miembros del sector de la traducción, entre los que podemos incluir traductores e intérpretes, correctores, revisores o mediadores. Con esta obra lo que pretendemos es que todos estos profesionales tengan la posibilidad de conocer más en detalle esta terminología y conozcan la manera correcta de utilizarla, con el fin de no agravar la situación de discriminación y la visión negativa que se encuentra asociada a la discapacidad.

Por lo que respecta a la estructura de la obra, en primer lugar, realizaremos una aproximación al concepto de discapacidad (capítulo 2), así como a los diferentes paradigmas y modelos que han aparecido en la sociedad, desde la Edad Antigua hasta los más recientes en el siglo XXI y, por último, en este capítulo, recogeremos la unión presente en discapacidad y lenguaje. A continuación, diseñaremos y compilaremos el corpus DISCORP-PRESS (capítulo 3), así como establecer dentro de este capítulo una metodología de explotación del corpus, para, posteriormente aplicarla y estudiar la terminología específica de este ámbito, centrándonos en los términos «personas», en lengua española, y *people*, en lengua inglesa, que se corresponden con los términos relacionados con la discapacidad más frecuentes en las dos lenguas de trabajo (capítulo 4). Con los resultados que se desprendan del análisis de estos términos y sus colocaciones podremos extraer las conclusiones (capítulo 5).

2 Aproximación al concepto de discapacidad

2.1. Introducción

La discapacidad es un área de especialidad abordada en las últimas décadas desde diferentes puntos de vista y perspectivas, desde la jurídica o la médica a la lingüística. El hecho de querer facilitar y mejorar la vida a aquellas personas que tengan algún tipo de discapacidad se ha visto reflejado en la terminología utilizada para referirse a dichas personas. En este capítulo abordaremos, en primer lugar, las definiciones que se han ofrecido del concepto de «discapacidad» en diferentes ámbitos; ofreceremos una síntesis de los diferentes paradigmas sociales de la discapacidad y, por último, trataremos la unión entre discapacidad y lenguaje, abordando diferentes enfoques, como el lenguaje inclusivo o el uso no discriminatorio del lenguaje.

2.2. Definición de discapacidad

El concepto de discapacidad ha sido estudiado desde hace siglos; tal vez por ello, este no se ha mantenido estático, sino que ha ido cambiando con el paso del tiempo, tal como se recoge en la Convención sobre los Derechos de las Personas con Discapacidad (2006: 1), que en su preámbulo indica: «la discapacidad es un concepto que evoluciona y que resulta de la interacción entre las personas con deficiencias y las barreras debidas a la actitud y al entorno que evitan su participación plena y efectiva en la sociedad, en igualdad de condiciones con las demás».

Pero no solo contamos con esta, pues han sido muchas las personas e instituciones que se han atrevido a elaborar una definición de este concepto tan amplio y siempre polémico, lo que ha supuesto que en dichas definiciones se incluyan diferentes características, según sea el enfoque del que se trate, puesto que, como indican Palacios y Bariffi (2007:57): «[…] en lo que concierne a la discapacidad, si la misma es vista como una tragedia, entonces las personas con discapacidad son tratadas como si fueran víctimas de algo trágico. Dicho tratamiento no solo se manifiesta en las interacciones cotidianas, sino que también se traslada a las políticas sociales, a través de las cuales se intenta compensar a aquellas víctimas por las tragedias que padecen. Por el contrario, si la discapacidad es definida como un problema social, las personas con discapacidad son vistas como un colectivo, víctima de una sociedad *discapacitante*, más que víctimas individuales de las circunstancias».

Las primeras definiciones que recogeremos son las propuestas por algunas instituciones supranacionales, como son la Organización de las Naciones Unidas (ONU) y la Organización Mundial de la Salud (OMS), quienes en la *Clasificación internacional de deficiencias, discapacidades y minusvalías (International Clasissification of Impairments. Disabilities and Handicaps. A Manual of Classification relating to the consequences of disease)* publicada en 1980 en inglés y, posteriormente, en 1983 su versión en español, definieron discapacidad como «toda restricción o ausencia (debido a una deficiencia) de la capacidad de realizar una actividad en la forma o dentro del margen que se considera normal para un ser humano» (OMS, 1983: 165), que completaron con algunas características como la duración de la discapacidad (que podría ser temporal o permanente), el carácter de la misma (reversible o irreversible), así como su origen. En esa misma década, la Organización Mundial de Personas con Discapacidad (OMPD) en su documento fundacional define la discapacidad como «limitación funcional del individuo causada por una deficiencia física, mental o sensorial» (OMPD, 1981: 2).

Ya en este siglo, la Organización Mundial de la Salud y la Organización de las Naciones Unidas publicaron en 2001 una actualización del documento mencionado previamente que vio la luz en los años ochenta del siglo pasado y que se denominó *Clasificación Internacional del Funcionamiento de la Discapacidad y de la Salud* (CIF) / *International Classification of Functioning, Disability and Health* (ICF). Este documento pretendía determinar la codificación y clasificación de la discapacidad; para ello, definía este concepto de esta forma: «término genérico que incluye déficits, limitaciones en la actividad y restricciones en la participación. Indica los aspectos negativos de la interacción entre un individuo (con una "condición de salud") y sus factores contextuales (factores ambientales y personales)» (OMS, 2001: 231).

La definición más reciente de discapacidad que esta organización propone es la que se recoge en su página web, en la que al abordar este concepto lo define de este modo: «[…] la interacción entre las personas que tienen algún problema de salud (por ejemplo, parálisis cerebral, síndrome de Down y depresión) y factores personales y ambientales (por ejemplo, actitudes negativas, transporte y edificios públicos inaccesibles y apoyo social limitado)» (OMS, 2020: en línea[3]).

Para delimitar lo que se entiende por este concepto, es necesario incluir las definiciones que se han dado de este concepto en dos de las leyes que abordan

---

3   who.int/es/news-room/fact-sheets/detail/disability-and-health (Fecha de consulta: 10/11/2021)

este ámbito, tanto en la legislación británica como en la española. En el caso de la británica, según lo establecido en la Equality Act de 2010 una persona tiene discapacidad si tiene «a physical or mental impairment, and the impairment has a substantial and long-term adverse effect on P's ability to carry out normal day-to-day activities». La legislación española, en la Ley General de Derechos de las Personas con Discapacidad y de su Inclusión Social (2013), también conocida como Ley General de discapacidad (LGD), define discapacidad de la siguiente manera: «[…] una situación que resulta de la interacción entre las personas con deficiencias previsiblemente permanentes y cualquier tipo de barreras que limiten o impidan su participación plena y efectiva en la sociedad, en igual de condiciones con las demás» (LGD, 2013: 10).

2.3. Paradigmas y modelos de la discapacidad

Como paso previo a recoger los diferentes paradigmas y modelos de la discapacidad, es necesario definir y distinguir ambos conceptos, puesto que siempre ha habido una confusión terminológica entre ambos términos (Díaz Velázquez, 2017). Este autor define paradigma de la siguiente manera: «un modo de conocimiento científico de la realidad y una forma de ver el mundo, universalmente reconocido, basado en un esquema de pensamiento e ideológico completo. Por lo tanto, paradigma hace referencia a un modo de aproximación científica a la realidad» (Díaz Velázquez, 2017: 21).

Asimismo, define modelo de esta forma: «El *modelo*, por el contrario, se insertaría dentro del paradigma (ya que su explicación del fenómeno sería coherente con la forma de ver el mundo del mismo), pero sería más una abstracción teórica de una realidad, para comprenderla. El modelo, por lo tanto, es una aprehensión o representación simplificadora de la realidad en la que sólo se destacan las relaciones consideradas más significativas y definitorias del fenómeno» (Díaz Velázquez, 2017: 21).

De acuerdo con estas definiciones, en este apartado abordaremos tres grandes paradigmas, así como los modelos que se pueden encuadrar dentro de ellos, que se han establecido en la discapacidad desde la Edad Antigua hasta nuestros días, en pleno siglo XXI, y que abordan tres perspectivas totalmente diferentes de como se ha tratado este ámbito dentro de la sociedad con el paso del tiempo. Estos tres paradigmas son el de la prescindencia, el de la rehabilitación y el de la autonomía personal.

2.3.1. Paradigma de la prescindencia

Este primer paradigma otorga una visión muy negativa de las personas con discapacidad, al ser consideradas como prescindibles o innecesarias y estaría en estrecha relación con la religión, es decir, se relaciona tener una discapacidad con albergar un mensaje diabólico y con un enojo de los dioses (Díaz Velázquez, 2017). Posteriormente, con el paso del tiempo y el surgimiento de los estados modernos (siglos xv y xvi) ya no se considera que sean seres diabólicos, sino que las personas con discapacidad cambian de estatus para comenzar a ser consideradas inferiores respecto al resto de la gente y ser personas que han de ser controladas y depender de la Administración (Puig de la Bellacasa, 1990; Pérez y Chhabra, 2019).

Dentro de este paradigma encontramos dos modelos: el eugenésico y el de la marginación. El primero de ellos considera que es necesario eliminar a estas personas, puesto que la discapacidad se ve como una degeneración o un inconveniente para el desarrollo normal de las personas que nacían con ella. Ejemplos de la aplicación de este modelo se han observado, como nos señala Díaz Velázquez (2017), desde Grecia y Roma hasta el siglo xx en el seno de la Alemania nazi. En cuanto al segundo de los modelos, el de la marginación, se busca alejar a estas personas del resto de la sociedad, es decir, que no participen de ella y excluirlas, debido a que esto es la opción que más tranquilidad produce, como señalan Palacios y Bariffi (2007: 15): «[…] ya sea como consecuencia de subestimar a las personas con discapacidad y considerarlas objeto de compasión, o como consecuencia del temor o el rechazo por considerarlas objeto de maleficios o como advertencia de un peligro inminente. Es decir, que —ya sea por menosprecio ya sea por miedo—, la exclusión parece ser la respuesta social que genera mayor tranquilidad».

2.3.2. Paradigma de la rehabilitación

Dentro de este paradigma, las personas con discapacidad ya no son prescindibles, es decir, no se defiende su eliminación o marginación como en el anterior, sino que, siempre y cuando se puedan rehabilitar, podrán formar parte de la sociedad. Además, se busca ocultar lo que sucede, no a la persona, sino aquello que la diferencia del resto de personas (Palacios y Bariffi, 2007). Dentro de este paradigma tienen una gran importancia los médicos y aquellos profesionales de la salud encargados de revertir la situación, es decir, de conseguir que las personas con discapacidad sean lo más normales posibles (Puig de la Bellacasa, 1990; Pérez y Chhabra, 2019). No obstante, hay algunos autores que consideran que este paradigma se centra demasiado en dar una idea médica de la discapacidad en vez de focalizar el objetivo en los procesos y las políticas que hacen que la vida de las personas con discapacidad se vea limitada; siendo Linton (2006: 162) uno de ellos al indicar: «Society, in agreeing to assign medical meaning to disability, colludes to keep the issue within the purview of the medical establishment, to keep it a personal matter and "treat" the condition and the person with the condition rather than "treating" the social processes and policies that constrict disabled people's lives».

Al igual que en el anterior paradigma, dentro de este encontramos también dos modelos que se encuadran en él: el médico y el integrador o *bio-psico-social*. En el primero de ellos se hace énfasis a lo mencionado previamente, es decir, al hecho de centrarse en la necesidad de curar o dar un tratamiento a las personas con discapacidad mediante la asistencia de profesionales de la salud (Díaz Velázquez, 2017). Por el contrario, el segundo de los modelos, dentro de este paradigma, surge como respuesta a la CIF (OMS, 2001) y busca desplazar el foco de la persona a la sociedad, haciéndola responsable de la situación en la que se encuentran las personas con discapacidad y que debe ser dentro de ella donde alcancen dicha «rehabilitación» (Pérez y Chhabra, 2019).

2.3.3. Paradigma de la autonomía personal

Este último paradigma, como señala Puig de la Bellacasa (1990: 79), surge en los Estados Unidos en los años setenta del siglo pasado como respuesta a los paradigmas anteriores y defiende que la personas con discapacidad han de ser las que rompan el estereotipo de que no pueden valerse por sí mismas ni llevar una vida independiente; han de comenzar a darse cuenta de que quieren ser consideradas como iguales: «[…] de alguna forma los programas que ellos mismos organizan, demandando los servicios profesionales cuando los consideran necesarios, tienen por fin la autodeterminación a todos los niveles, algo así como el entrenamiento para la supervivencia del individuo frente a una sociedad que tiende a recluir y a proteger al adulto con discapacidad como si fuese un niño sin capacidad para decidir» (Puig de la Bellacasa, 1990: 81).

Otros autores, como Díaz Velázquez (2017), completan esta idea al señalar que es la sociedad la que discapacita al individuo, llegando incluso a retomar ideas de paradigmas anteriores, como la exclusión, y que, por lo tanto, se debería dar una respuesta a estos problemas desde la propia sociedad. Dentro de este paradigma encontramos el modelo social y el modelo de la diversidad funcional.

El primero de estos modelos, considera, de acuerdo con autores como Palacios y Bariffi (2007) o Díaz Velázquez (2017), que son las características del entorno que rodea a la persona la que la definen como «discapacitada» y no sus propias características de funcionamiento, como se entendía en paradigmas previos. Por ello, la sociedad es la que ha de prestar los servicios adecuados para suplir las necesidades de estas personas y que se sientan útiles dentro de la sociedad (Palacios y Bariffi, 2007). En cuanto al modelo de la diversidad funcional, pretende acabar con los problemas terminológicos de los anteriores modelos y desterrar el concepto de capacidad para hablar de dignidad (Pérez y Chhabra, 2019). Díaz Velázquez (2017) continúa con esta idea de dignidad y añade a este modelo la necesidad de que se garantice el ejercicio de los derechos humanos entre los miembros de este colectivo.

2.4. Lenguaje y discapacidad

En el apartado anterior, relativo a los paradigmas que se han establecido a lo largo de la historia para contextualizar la discapacidad, hemos percibido como en el último de los modelos presentados, el modelo de la diversidad funcional, perteneciente al paradigma de la autonomía personal, se ponía de manifiesto la importancia de la terminología empleada para referirse a las personas con discapacidad. Siendo esta es un aspecto relevante que ha de tenerse en cuenta al hacer referencia a la discapacidad y a todo lo relacionado con ella dentro de nuestra sociedad, al ser un elemento clave buscar términos más inclusivos con el objetivo de evitar la discriminación de estas personas a través del lenguaje y su uso.

Como señala Beltrán (1990: 33), gracias al lenguaje obtenemos nuestra visión del mundo y, depende del uso que de él hagamos, podemos crear una realidad nada positiva que suponga una estigmatización de personas y colectivos, entre los que encontramos las personas con discapacidad, tal como nos muestra ESADE (2008:8): «Las palabras tienen poder. Un uso incorrecto de las mismas puede traer como consecuencia que se generen percepciones o que no se adecuan a la realidad y que pueden estigmatizar o generar una imagen social negativa».

Entre las diferentes corrientes que tienen como objetivo evitar la discriminación de estos colectivos mediante el empleo inapropiado del lenguaje encontramos dos que han tenido una gran repercusión en las últimas décadas, el «lenguaje políticamente correcto» y el «lenguaje inclusivo». Ambas corrientes pretenden conseguir que la gente no se sienta molesta por el empleo de una serie de términos; no obstante, también han surgido detractores, entre los que se encuentran algunas asociaciones que trabajan en el mundo de la discapacidad, quienes prefieren que se abogue por un uso no discriminatorio del lenguaje.

2.4.1. El lenguaje políticamente correcto

El «lenguaje políticamente correcto», primera de las corrientes que recogeremos en esta obra, tiene su origen en la segunda mitad del siglo pasado en Estados Unidos, aunque no es hasta los años noventa cuando llega a nuestro país, y nace con la intención de eliminar desigualdades tanto sociales como de género, entre otras (Barricoa, 2001). No obstante, es un concepto muy polisémico y no exento de polémica y que puede llegar a producir cierta confusión sémica (Guitart Escudero, 2005). Sin embargo, pese a esa posible dificultad a la hora de definirlo, han sido varios los autores que se han atrevido, como Santana Lario (1997: 319), que lo define de esta forma: «[…] conjunto de prácticas y usos lingüísticos destinados a eliminar las connotaciones discriminatorias presentes en el lenguaje que utilizamos a diario, discriminación que suele afectar a personas o grupos definidos por características tales como la raza, el sexo, las preferencias sexuales, la nacionalidad, la edad, las discapacidades físicas, etc.».

Otros autores, como Del Río (2001: 12), incluyen más categorías en su definición al equiparar el lenguaje políticamente correcto con el respeto. Además, subraya que la manera de percibir la realidad se puede cambiar gracias al uso de este tipo de lenguaje.

No obstante, esta corriente también presenta detractores, aquellos que no la consideran la forma adecuada de abordar diferentes aspectos sociales, entre los que se encuentra Haro Tecglen (1997) que la presenta como algo peyorativo y una burla del exceso de términos liberales surgida como respuesta a la situación que estaba viviendo la sociedad en ese momento y lo tildó de «un mal uso del poder, una formulación arbitraria y una forma especial de discriminación, además de atentar contra la libertad de lenguaje y de expresión» (Haro Tecglen, 1997: 358–359). Otros autores han apoyado esta postura (Casals Carro, 1998; Gurrea, 2004; Ballester, 2012; Blanco, 2018) al señalar la cantidad de eufemismos presentes en esta corriente y su intención de endulzar y enmascarar con el lenguaje aquello que se pretende hacer que no existe. Incluso alguno como Ballester (2012: 198) lo ha calificado de enfermedad y que es necesario «ofrecer un buen diagnóstico: llamar a lo políticamente correcto por su auténtico nombre».

Se observa, por lo tanto, que, pese a que en su origen este lenguaje tenía como fin lograr una menor discriminación, aspecto loable y esperanzador para las personas que formaban parte de los colectivos involucrados, su evolución y respuesta por parte de la sociedad no ha sido la que se esperaba, puesto que, aquellas personas que se han mostrado en su contra y los argumentos que han razonado han hecho que esta corriente se degrade y sufra una banalización, ocasionando que, en la actualidad, se emplee como sátira y no como una solución eficiente contra los casos de discriminación que pueda presentar el uso del lenguaje.

2.4.2. El lenguaje inclusivo

Esta corriente surgió con el mismo objetivo que la anterior, puesto que, como indica Martínez (2019: 188), el lenguaje inclusivo «surgió como la necesidad de comunicarse mediante un lenguaje libre de palabras, frases o tonos que reflejen visiones prejuiciosas, estereotipadas y mediante expresiones que eviten la discriminación de personas o grupos». Sin embargo, otras definiciones, como la propuesta por Gil (2020) presentan una simplificación de esta corriente al asociar únicamente el lenguaje inclusivo como la búsqueda de una igualdad de género.

La idea de utilizar el lenguaje inclusivo como sinónimo de lenguaje sexista ha propiciado que se modifique su idea original y se emplee en la actualidad como un medio para visibilizar a las mujeres. Para evitar ese sexismo en el lenguaje, presente de dos formas según la Fundación ONCE (2018), por medio de los componentes de la oración o del sentido que se le otorgue, se han buscado múltiples fórmulas, desde el signo @ hasta la x o la terminación «e» como idea de género neutro (Úcar Ventura, 2019). De igual forma, las personas que defienden el uso de este tipo de lenguaje se basan en la hipótesis de Sapir-Whorf, según la cual la forma en la que se habla supone que se tiene una visión específica de la realidad, lo que implica que este lenguaje podría emplearse como un arma política. Incluso, este debate se muestra en alguna de las leyes españolas, como es el caso de la Ley Orgánica 3/2007, de 22 de marzo, para la igualdad efectiva de mujeres y hombres, en la que se recoge la necesidad de implantar un lenguaje no sexista en la administración y que se aplique a diferentes ámbitos, como se indica en el artículo 14 de dicha ley: «La implantación de un lenguaje no sexista en el ámbito administrativo y su fomento en la totalidad de las relaciones sociales, culturales y artísticas» (Ley 3/2007: 14).

En las últimas décadas son muchos los que han defendido la implantación de este lenguaje y defendido que se extienda su uso, como así lo demuestran las diferentes guías elaboradas por diversas comunidades autónomas; sin embargo, también ha generado polémica y han sido también varios los que se han mostrado disconformes con este lenguaje, como es el caso de Rubio (2013: 6) que señala que «nos hallamos ante una cuestión meramente panfletaria y no relevante». Desde la propia Real Academia Española (RAE) se mostró el rechazo a este lenguaje con lo que se conoce como Informe Bosque (2012), que, suscrito por todos los académicos numerarios y correspondientes de entonces y por medio de Ignacio Bosque, indicó que no se podían seguir muchas de las directrices que este tipo de lenguaje proponía y que carecía de argumentos lingüísticos, señalando incluso que «si se aplicaran las directrices propuestas en estas guías en sus términos más estrictos, no se podría hablar. Mucho me temo, sin embargo, que las propuestas no estén hechas para ser adaptadas al lenguaje común» (Bosque, 2012: 11).

Por ello, al igual que sucedía con la corriente anterior, el lenguaje inclusivo ha perdido parte del significado y la intención con la que nació, ya que ha quedado restringido a cuestiones únicamente relativas al sexismo en el lenguaje, obviando al resto de colectivos que pueden verse afectados por la discriminación, entre los que se encuentran las personas con discapacidad.

2.4.3. Lucha por un uso no discriminatorio del lenguaje

Hemos observado que las dos corrientes anteriores, tanto el «lenguaje inclusivo» como el «lenguaje políticamente correcto», han recibido diversas críticas por tener, entre sus propuestas, un alto contenido eufemístico, siendo la discapacidad uno de los ámbitos afectados y que más ha sufrido dicha eufemización del lenguaje (Santana Lario, 1997: 335). Incluso, como nos señala Moscoso (2010: 272) las asociaciones pretenden desmarcarse de ambas corrientes, especialmente del lenguaje políticamente correcto, puesto que pretende actuar como que la discapacidad no existe, al indicar: «[…] la alternativa falaz que ofrece el lenguaje políticamente correcto a la persona con discapacidad es la de actuar como si no tuviera ninguna, el hecho de que la discapacidad persista ajena a todo sortilegio, es algo que sabemos los discapacitados y todos los que nos conocen de cerca» (Moscoso, 2010: 272)

Por ello, en el ámbito de la discapacidad se aboga por no emplear ninguna de las dos anteriores denominaciones para hacer referencia a la terminología y al lenguaje empleado en la discapacidad, sino considerar una tercera corriente, «uso discriminatorio del lenguaje», ya que no es el propio lenguaje el que discrimina, sino cómo se emplea (Frutos y Rodríguez, 2001). Desde las asociaciones y organismos centrados y especializados en la discapacidad se han publicado una serie de guías (Fundación ONCE, 2008; COCEMFE, 2018, CERMI 2018, entre otras), entre las que destacamos la de la Confederación Española de Personas con Discapacidad Física y Orgánica (COCEMFE), que en su *Guía de lenguaje inclusivo* mantiene la idea propuesta por Frutos y Rodríguez (2001) del uso discriminatorio del lenguaje, puesto que, como se recoge en dicha guía: «[…] el lenguaje no es neutral y dependiendo del uso o la intencionalidad que se le dé puede herir, marginar o, por el contrario, integrar y visibilizar la situación que viven parte de la población española. De esta manera, si se usan palabras inadecuadas, inexactas o inapropiadas puede perpetuar la imagen discriminatoria de cierto grupo de personas. Y, por otro lado, si se usan palabras con significados imprecisos o abstractos puede dar lugar a invisibilizar a las personas con discapacidad, negándole su diferencia y pretendiendo una homogeneización de toda la sociedad» (COCEMFE, 2018: 5).

En esta misma guía se presentan una serie de consejos y pautas para lograr un uso no discriminatorio del lenguaje, comenzando por la recomendación de utilizar el término «persona con discapacidad», expresión que «da a conocer una realidad con la que conviven cada día millones de personas, que potencia la dimensión humana y hace visible su esfuerzo y la defensa de sus derechos y libertades» (COCEMFE 2018: 5).

Otras de las pautas sería no utilizar términos que puedan añadir connotaciones negativas y atribuyan un valor menor a las personas con discapacidad, como sería, por ejemplo, el uso de términos como «inválido» o «retrasado». Además, se recomienda anteponer la palabra «persona», no sustantivar adjetivos o no utilizar el término «normal» para hacer referencia a las personas con discapacidad, entre otras de las pautas propuestas por COCEMFE (2018). Asimismo, desde la perspectiva que nos atañe en esta obra, la prensa escrita, también se aborda la cuestión en esta guía de que se traten desde la normalidad y no como hechos excepcionales las noticias o casos que involucren a personas con discapacidad.

De igual forma, pese a que uno de los modelos que hemos visto anteriormente lleva por nombre «modelo de la diversidad funcional», desde algunas asociaciones consideran este término, «diversidad funcional», y otras expresiones como «capacidades diversas» de esta forma: «[…] eufemismos cargados de condescendencia que generan confusión, inseguridad jurídica y rebajan la protección que todavía es necesaria. Estos términos son genéricos y restan valor a la problemática que supone tener una discapacidad, ya que pone al mismo nivel la discapacidad y las habilidades que tienen todas las personas para desempeñar una u otra actividad, incluidas las personas con discapacidad» (COCEMFE, 2018: 5).

No obstante, es una cuestión polémica y tema de discusión durante las últimas décadas, puesto que estos eufemismos son también defendidos por diversos autores, como el caso de Romañach y Lobato (2007) que señalan que es necesario un cambio de terminología:

[…] ninguno de estos términos es positivo, ni neutro, por lo que resultan un vano intento de cambiar una realidad en la que los propios autores no acaban de ver el lado cuanto menos nuestro o positivo de la diversidad funcional. […] Por el eso el término "diversidad funcional" se ajusta a una realidad en la que la persona funciona de manera diferente o diversa de la mayoría de la sociedad. Este término considera la diferencia del individuo y la falta de respeto de las mayorías, que en sus procesos constructivos sociales y de entorno, no tiene en cuenta esa diversidad funcional (Romañach y Lobato, 2007: 324–325).

Otro aspecto a tener en cuenta es el sexismo en el lenguaje, abordado de cierta manera con el «lenguaje inclusivo», pero que como señala la Fundación ONCE (2018), en el caso de la discapacidad el empleo de construcciones sexistas agrava la situación delicada de las mujeres con discapacidad, quienes se encuentran en una situación de invisibilidad que estas construcciones ayudan a mantener y perpetuar. Desde esta fundación se contempla el uso de «mujeres con discapacidad» cuando nos refiramos concretamente a mujeres y no emplear el uso «personas con discapacidad», que tiene un carácter más neutro y no ha conseguido que se englobe toda la diversidad humana, así como emplear en primer lugar mujeres cuando se produzca un desdoblamiento en lenguaje, es decir, utilizar la construcción «mujeres y hombres con discapacidad» (Fundación ONCE, 2018: 73).

2.5. Recapitulación

En este capítulo hemos sintetizado brevemente diferentes aspectos relativos a la discapacidad con el fin de lograr una aproximación a un ámbito tan grande y no libre de polémica en las últimas décadas. Por un lado, hemos abordado su definición desde diferentes perspectivas en las que hemos observado que prácticamente todas ellas recogen las mismas características, siendo las dos más relevantes la temporalidad y la aparición del concepto de «deficiencia». En el caso de la primera de ellas, las definiciones incluyen el tiempo que puede durar la discapacidad, puesto que se recoge el carácter de esta condición, como observamos cuando se menciona que la discapacidad o las discapacidades pueden ser «temporales o permanentes, reversibles o irreversibles y progresivos o regresivos» (OMS, 1983: 165) o en la legislación española que recoge que puede ser «previsiblemente permanente» (LGD, 2013: 10).

La segunda característica relevante que se recoge en las definiciones es la aparición del concepto de «deficiencia», puesto que se indica que la discapacidad puede ser consecuencia de ella o ellas, si hubiera más de una (OMPD, 1981; OMS, 1983). Por lo tanto, es necesario entender ese concepto para poder

comprender la definición de discapacidad que proponen las diferentes instituciones. Esta misma organización en la *Clasificación Internacional del Funcionamiento de la Discapacidad y de la Salud* (OMS, 1983: 11) había definido este
concepto previamente como «problemas en las funciones o estructuras corpo-
rales, tales como una desviación significativa o pérdida». Sin embargo, en la
última de las definiciones propuesta por la Organización Mundial de la salud,
observamos que ya no recoge la deficiencia como una característica, sino que
habla de «problemas de salud» (OMS, 2020: en línea).

Por lo tanto, nos encontramos ante la idea generalizada, visible a través de
las definiciones ofrecidas por los diferentes organismos y leyes, de que la discapacidad se considera una situación prácticamente permanente, así como gene-
radora de «problemas», con lo que ello supone para el proceso de adaptación e
integración en la sociedad de las personas con discapacidad.

En lo referente a los diferentes paradigmas y modelos de la discapacidad, su
estudio nos ha permitido completar las definiciones previamente propuestas
y recogidas, así como delimitar este ámbito y ubicarlo en el espacio tiempo, y,
además, conocer los diferentes procesos que ha sufrido la discapacidad hasta
encontrarse en la situación en la que se halla en este momento.

Por ello, para que se produzca un cambio de paradigma y se haya conseguido llegar al que nos encontramos hoy en día, como recoge Díaz Velázquez
(2017: 21–22), es necesario que dos paradigmas rivales colisionen y esto sucede
cuando, según el autor, se presentan entre ellos tres grandes diferencias: (a)
consideran que existen diferentes problemas por resolver, así como diferentes
concepciones de la ciencia de la que se ocupan; (b) presentan importantes, si no
profundas, diferencias conceptuales, diferente lenguaje teórico y distinta interpretación ontológica de la realidad analizada; y (c) comportan una diferente
visión del mundo.

De esta manera hemos podido observar que, en los diferentes paradigmas
y sus modelos, se han producido estas tres grandes diferencias cuando se ha
cambiado de uno a otro. En un primer momento se trató la discapacidad como
un castigo de los dioses y que las personas debían ser ocultadas y excluidas de
la sociedad, en el mejor de los casos, y, en el peor, eliminadas. Posteriormente,
con la evolución de la sociedad se comenzó a considerar que la discapacidad
era un problema médico que tenía solución mediante la rehabilitación y el tratamiento, con el fin de que las personas que tuvieran alguna fueran curadas
e integradas dentro de la sociedad. Asimismo, el último paradigma considera
culpables a la sociedad y al entorno, siendo estos quienes deben cambiar y adap-
tarse a las necesidades que planteen las personas con discapacidad para lograr

que se sientan como el resto, es decir, plenamente integradas en la sociedad. Estos cambios de paradigma no han sucedido por azar, sino que persiguen el fin, como señalan Palacios y Bariffi (2007: 24), de «que las personas con discapacidad puedan tener iguales oportunidades que el resto de personas en el diseño y desarrollo de sus propios planes de vida».

Teniendo en cuenta el hecho de que se han producido cambios en los paradigmas hasta llegar al último que planteamos, consideramos que la sociedad se encuentra inmersa de lleno en el de la autonomía personal, habiendo superado y dejando obsoletos los anteriores recogidos en este trabajo. Por ello, en la explotación y posterior análisis de DISCORP-PRESS abordaremos la terminología desde esta perspectiva, es decir, el hecho de la plena inclusión en la sociedad de las personas con discapacidad y de que se las trate como al resto de personas que forman parte de la sociedad; por lo que se considerará como inadecuado el uso de unidades léxicas y colocaciones que puedan hacer referencia o mención a alguno de los paradigmas y modelos encuadrados en ellos que se han producido en la sociedad en épocas pasadas.

Por último, en el apartado relativo al lenguaje y la discapacidad se han abordado diferentes corrientes y propuestas lingüísticas que nacieron con el objetivo de lograr la no discriminación de las personas con discapacidad mediante el empleo del lenguaje. Como hemos podido observar, todavía es un proceso en el que se trabaja, al haber dos de ellas, el «lenguaje políticamente correcto» y el «lenguaje inclusivo», que no han logrado por completo su objetivo, puesto que han perdido parte de su sentido o se han centrado en aspectos muy concretos, dejando de lado a grupos y colectivos como las personas con discapacidad, lo que supone eliminar de sus ideales originales el aspecto conciliador y el querer acoger a todos los colectivos discriminados. De igual manera, son las propias asociaciones que trabajan con discapacidad las que rechazan en cierta medida estas posturas y pretenden un uso no discriminatorio del lenguaje, sin necesidad de otorgarle un nombre. Por lo tanto, estudiaremos y analizaremos el corpus DISCORP-PRESS, presentado en el siguiente capítulo, desde una perspectiva neutra, es decir, sin decantarnos o mostrar preferencia por alguna de estas corrientes, para, de esta manera, no sesgar ni influenciar el análisis por ninguna de ellas y que, de este modo, pueda perder su objetividad.

Así pues, una vez abordado el concepto de discapacidad desde diferentes perspectivas, procederemos en el siguiente capítulo a describir nuestro corpus DISCORP-PRESS, del que presentaremos el protocolo de compilación seguido, así como sus características y los pasos que llevaremos a cabo para su explotación y análisis.

3 DISCORP-PRESS: el corpus virtual comparable español-inglés sobre discapacidad

3.1. Introducción

Dentro de los Estudios de Traducción, son muchos los autores (Baker, 1995; Sinclair, 1996; Zanettin, 1998; Bowker, 2002; Corpas Pastor, 2001, McEnery *et al.* ,2006; Seghiri, 2015, Ortego Antón, 2020, entre otros) que han defendido los beneficios de los corpus, definidos como «a collection of pieces of language text in electronic form, selected according to external criteria to represent, as far as possible, a language or a language variety as a source of data for linguistic research» (Sinclair, 2005: 16).

Asimismo, como señala Ortego Antón (2019: 51) en la actualidad somos testigos de un aumento en el interés por emplear corpus bilingües y multilingües por parte de investigadores en muchos de los campos relacionados con la traducción, como la traducción automática o la asistida por ordenador, la terminología, la formación de traductores e intérpretes o la informática aplicada en la traducción, entre otras muchas disciplinas.

De igual forma, en las últimas décadas se han compilado corpus de diferentes naturaleza y tamaño con textos que se encuentran disponibles en la red; no obstante, pese a toda esa variedad, como señala Seghiri (2006: 230), aunque encontráramos corpus especializados en la red, es posible que no cubran todas las necesidades del género textual o ámbito que deseamos documentar, por lo que es necesario muchas veces compilar nuestro propio corpus.

Es por ello que, por estos motivos, así como partiendo de la base de trabajos previos que han utilizado los corpus para estudiar diferentes fenómenos lingüísticos en la prensa (Gabrielatos y Baker, 2008; Zottola, 2019, entre otros) y el hecho de que, aunque se hayan realizado investigaciones sobre estudios de género (Santaemilia, 2005; Martín Ruano, 2006; Von Flotow, 2007; Brufau Alvira, 2011; entre otros) o focalizados en la accesibilidad dentro de la traducción audiovisual (por ejemplo, Orero, 2005; Jiménez Hurtado, 2007; Díaz Cintas, 2007; Matamala, 2019) es necesario ampliar los estudios contrastivos en el par de lenguas inglés-español que se centren en el estudio de la terminología de la discapacidad. Para ello, se ha procedido a la compilación y posterior explotación del corpus comparable virtual que presentamos en los siguientes epígrafes, DISCORP-PRESS.

3.2. Diseño y compilación de DISCORP-PRESS

Debido a, como hemos mencionado previamente, la falta de corpus previamente compilados que se correspondan con el fenómeno que pretendemos estudiar en este estudio, hemos decidido compilar un corpus comparable virtual, con las dificultades que ello conlleva al extraer la información de internet (Austermühl, 2001: 52).

Por consiguiente, para compilar el corpus hemos seguido un protocolo que establezca los criterios que deben cumplir los documentos que formen parte de él, con el fin de asegurar que el corpus tenga calidad, tanto desde el punto de vista cualitativo, como cuantitativo, de manera que el corpus sea equilibrado y representativo (McEnery y Hardie, 2012; Ortego Antón, 2019).

De acuerdo con McEnery y Hardie (2012: 8–9) consideramos que el corpus está equilibrado si «that proportions of data in our corpus reflect, in some way, the numbers of each type of interaction of interest that actually occur». Esto completa lo recogido años antes por Sinclair (2005) que señaló que «for a corpus to be pronounced balanced, the proportions of different kinds of text it contains should correspond with informed and inttuitive judgements».

En cuanto a la representatividad, McEnery y Hardie (2012: 10) definen este concepto de una manera sencilla e indican que la representatividad se alcanza cuando «it fully captures the variability of a language». Por otro lado, Corpas Pastor y Seghiri (2007: 166) ofrecen una definición más completa e indican que representatividad es «el número mínimo de documentos o palabras que debe tener un determinado corpus para que sea considerado válido y representativo de la población que se desea representar».

Teniendo en cuenta estas dos características, debemos, en primer lugar, establecer los parámetros de diseño que tiene que cumplir el corpus que queremos compilar para analizar de manera contrastiva en las lenguas española y británica la terminología de la discapacidad y sus colocaciones. Bowker y Pearson (2002: 45–52) señalan que deben tenerse en cuenta los siguientes parámetros: el tamaño del corpus, la extensión de los textos (si son completos o solamente fragmentos), el tema, el medio del que proceden, el tipo textual, la autoría, las lenguas y la fecha de publicación.

Basándonos en dichos criterios, hemos compilado un corpus virtual comparable bilingüe (DISCORP-PRESS) formado por textos extraídos de dos periódicos españoles y de dos periódicos británicos de tirada nacional. Todos los textos estarán relacionados con la discapacidad y podrán pertenecer a todos los géneros textuales presentes en un periódico (noticias, artículos de opinión, programación televisiva, etc.) publicados en esos periódicos entre los años 2007 y

2016. El hecho de escoger textos provenientes de estos periódicos y durante ese periodo de tiempo y de tan amplia variedad nos permite cumplir con el requisito de representatividad. Tanto los textos extraídos de los periódicos españoles como de los británicos estarán redactados en su lengua origen, es decir, en lengua española y lengua inglesa.

3.2.1. Protocolo de compilación

Existen diferentes protocolos de compilación de corpus (Vargas Sierra, 2005; Seghiri, 2011, 2015, 2017; Castillo *et al.*, 2020); no obstante, el que consideramos más adecuado para el estudio que aquí presentamos es el propuesto por Seghiri (2011, 2015, 2017) debido a su impacto, puesto que ha sido seguido por muchos otros autores desde su presentación (Sánchez Ramos, 2017; y Ortego Antón 2019, 2020, entre otros). De igual manera, las fases que se presentan se adecúan al tipo de corpus que compilaremos en este trabajo. A continuación, aplicaremos cada una de las fases del protocolo empleado por Seghiri (2017) para describir el proceso de compilación de nuestro corpus, DISCORP-PRESS.

3.2.1.1. Búsqueda y acceso a la información

En esta primera fase de la compilación, hemos procedido a buscar los textos que compondrán nuestro texto. Para ello, utilizamos Lexis Nexis[4], definida por Scales y Gilles (1995:8) de esta forma: «[…] an online information retrieval system providing access to a wide range of sources including full-text legal information and full-text and abstracted information from newspapers, magazines, company annual reports, news and bussines magazines, newsletters, wire services, government documents, broadcast transcripts, and other sources».

Además del múltiple abanico de recursos que presenta esta herramienta, otra de las razones que nos han llevado a decantarnos por ella se debe a los numerosos trabajos previos sobre corpus y terminología presente en la prensa (Gabrielatos y Baker, 2008; Zottola, 2019, entre otros) que la han utilizado para obtener sus datos, por lo que la consideramos una fuente fiable para la obtención de nuestros textos.

Una vez seleccionada la herramienta desde la que obtendremos nuestros textos, el siguiente paso es establecer los criterios para su búsqueda: temporalidad de los mismos, lenguas, fuentes y palabras clave.

---

4   https://www.lexisnexis.com/communities/academic/default.aspx

3.2.1.1.1. Periodo de tiempo de los textos

Para obtener una muestra de textos con ejemplos representativos decidimos estudiar la década anterior a la votación sobre la salida del Reino Unido de la Unión Europea, lo que supone limitar nuestro estudio a los años comprendidos entre 2007 y 2016, ambos incluidos.

3.2.1.1.2. Lenguas de los textos

Para este trabajo decidimos incluir nuestras dos lenguas de trabajo, que han sido mi lengua A, el español, y mi lengua B, el inglés. Por lo tanto, los periódicos que utilizaremos estarán redactados en estas dos lenguas. De igual modo, para delimitar la búsqueda, se decidió incluir textos de una variedad geográfica de cada lengua, en el caso de la española es el español de España, mientras que, en el caso de la lengua inglesa, esta se corresponde con la variedad de Reino Unido.

3.2.1.1.3. Fuentes

Para esta investigación tomaremos como fuentes para extraer los textos dos periódicos británicos y dos españoles, que se caracterizan por tener una tirada nacional dentro en sus respectivos países y cubrir las variedades de los idiomas referidos en el epígrafe anterior. De igual modo, los cuatro periódicos empezaron a publicarse con anterioridad a la fecha de inicio de nuestro corpus, por lo que, de esta manera, no quedaría ningún año sin cubrir. Los cuatro periódicos entrarían dentro del grupo de publicaciones que se conoce como *quality newspapers*, es decir, «a more serious newspaper which gives detailed accounts of world events, as well as reports on business, culture, and society» (Collins Dictionary, 2019).

Asimismo, durante los años que abarca nuestro estudio, tanto en España como en Reino Unido, se han alternado en el gobierno partidos con una ideología que podríamos catalogar de «derechas» (más conservadora), representada por el PP y el Conservative and Union Party (Partido Conservador y Unionista), respectivamente, y otros con una ideología de «izquierdas» (considerada más liberal), representada, en este caso, por el PSOE y el Labour Party (Partido Laborista). Por esta razón, en nuestro corpus hemos querido incluir textos de un periódico que se pueda identificar con cada una de estas ideologías. A continuación, justificamos la selección de cada uno de los periódicos, de los que extraemos los textos que formarán parte de nuestro corpus.

En el caso de Reino Unido, los periódicos que hemos escogido han sido *The Guardian* y *The Telegrpah*. Para seleccionar estos dos periódicos nos hemos basado en el artículo: «How Left or right wing are Britain's newspapers?»

(Smith, 2017), publicado en el periódico *The Times* en marzo de 2017. En este artículo se recoge una encuesta, como podemos observar en la Figura 1, en la que se muestra la opinión que tienen los británicos sobre los periódicos.

How left or right wing are the mainstream UK newspapers?

Some people talk about 'left', 'right' and 'centre' to describe parties and politicians. With this in mind, where would you place each of the following? (excludes those who said "don't know" for each paper - between 39-49% of respondents)

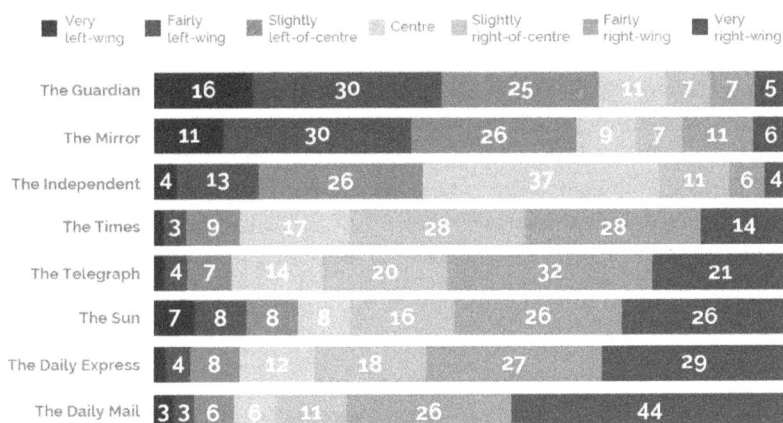

	Very left-wing	Fairly left-wing	Slightly left-of-centre	Centre	Slightly right-of-centre	Fairly right-wing	Very right-wing
The Guardian	16	30	25	11	7	7	5
The Mirror	11	30	26	9	7	11	6
The Independent	4	13	26	37		11	6	4
The Times	3	9	17	28	28		14
The Telegraph	4	7	14	20	32		21
The Sun	7	8	8	8	16	26	26
The Daily Express	4	8	12	18	27		29
The Daily Mail	3	3	6	6	11	26	44

Figura 1. Resultado de la encuesta (*The Times*, 2017). https://www.thetimes.co.uk/arti cle/how-left-or-right-wing-are-britain-s-newspapers-8vmlr27tm?region=global (Fecha de consulta: 02/10/2021).

Como podemos observar en la Figura 1, los dos periódicos seleccionados representan las ideologías opuestas. En el caso del periódico de ideología de «izquierdas» encontraríamos *The Guardian*, considerado de esta ideología por el 71 % encuestados (el 16 % lo consideran muy a la izquierda, el 30 % considerablemente a la izquierda y el 25 % que se encontraría en el centro-izquierdo del espectro). De igual forma, al otro lado del espectro político encontraríamos el otro periódico seleccionado, *The Telegraph*, considerado de «derechas» por el 73 % de los británicos que participaron en esta encuesta (el 21 % de los encuestados lo considera muy a la derecha, el 32 % considerablemente a la derecha y el 20 % que lo consideran en el centro-derecha).

Otra evidencia de la tendencia política de estos dos periódicos la podemos encontrar en lo recogido en la versión en línea de la *Enciclopaedia Britannica*

(2021), en las entradas destinadas a cada una de estas dos publicaciones. En el caso de *The Guardian* la entrada de esta enciclopedia recoge lo siguiente: «The Guardian's editorial stance is considered less conservative than that of The Daily Telegraph and The Times, its main London competitors, but its reporting is also marked by its independence». Por otro lado, en la entrada de *The Telegraph* se recoge: «The newspaper has consistently combined a high standard of reporting with the selection of interesting feature articles and editorial presentation. It takes a conservative, middleclass approach to comprehensive news coverage».

En el caso de los periódicos españoles, hemos optado por escoger para nuestro estudio *ABC* y *El País*. Para esta decisión hemos tomado como referencia varias fuentes, como lo que se recoge en la obra *Political Journalism in Comparative Perspective* (Albaek *et al.*, 2014: 87): «In Spanish newspapers, partisanship manifested itself in a slight increase in positive evaluations of the parties with which the newspapers are aligned and in an overtly negative bias toward opposing parties. Politicians belonging to the left-wing Spanish Socialist Workers' Party received almost neutral treatment in the left-wing newspaper El País, while they were presented predominantly negatively in the right-wing newspapers ABC and El Mundo».

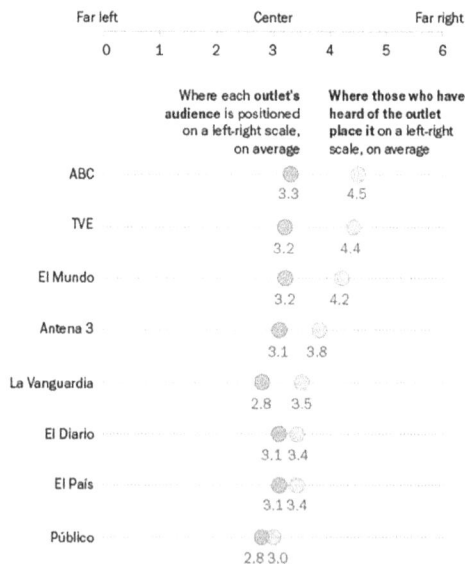

Figura 2. Resultado del estudio *Fact Sheet News: Media and Political Attitudes in Spain (Pew Research Center,* 2018). https://www.pewresearch.org/global/fact-sheet/news-media-and-political-attitudes-in-spain/ (Fecha de consulta: 15/10/2021).

Otro motivo que justifica la elección se especifica en un estudio titulado *Fact Sheet News: Media and Political Attitudes in Spain*, realizado en el año 2018 por el Pew Research Center, cuyos resultados se ofrecen en la Figura 2. Este estudio muestra la diferente perspectiva que tiene la población sobre los periódicos españoles y en el que en una escala de 0 a 6, se puntúan los periódicos, siendo cuanto más cerca de 0 esté la puntuación, más a la izquierda se encontrará ese periódico; y cuanto más cerca de 6, más a la derecha del espectro político se encuentra situado el periódico. Como podemos comprobar, en este estudio colocan al *ABC* con una puntuación de 4,5 (siendo el que más puntuación tiene de todos los periódicos analizados), mientras que *El País* aparece situado en una posición de centro, es decir, a la izquierda del espectro.

3.2.1.1.4. Palabras clave

Para realizar la búsqueda dentro de estos periódicos y seleccionar los textos que formarán parte de nuestro corpus optamos por una de las dos opciones que este protocolo establece dentro de esta fase, la «búsqueda por palabras clave». Estas palabras se seleccionaron de documentación proveniente de diferentes asociaciones españolas y británicas dedicadas a la discapacidad[5] que proponen la terminología que debe utilizarse, así como señalan la que se considera no recomendable en cada una de las lenguas de nuestro estudio. El número total de palabras clave utilizadas en esta búsqueda fue de sesentaiséis en lengua española, como podemos observar en la Tabla 1, y cuarentaicinco en lengua inglesa, recogidas en la Tabla 2.

---

5   Entre ellas se encuentran COCEMFE, Plena Inclusión, ASPACE, CERMI o la Fundación Personas en lengua española y, en lengua inglesa, AUTISM SPEAKS, England Athletics, AHPSS, Chartered Insurance Institute, NICE o Buckinghamshire Disability Service.

Tabla 1. Palabras clave seleccionadas en lengua española

PALABRAS CLAVE EN LENGUA ESPAÑOLA		
acción positiva	anormal	capacidades diferentes
ciego	cojo	comunidad sorda
contrahecho	defecto de nacimiento	deficiente
deforme	demente	dependiente
discapacidad auditiva	discapacidad congénita	discapacidad física
discapacidad intelectual	discapacidad visual	discapacitado
discriminación positiva	disminuido	diversidad funcional
físicamente limitado	idiota	imbécil
impedido	incapacidad	incapacitado
incapaz	inútil	invalidez
inválido	invidente	lisiado
loco	minusvalía	minusválido
mongólico	movilidad reducida	mutilado
oligofrénico	otras capacidades	parálisis cerebral
paralítico	parapléjico	persona con discapacidad
persona con problemas físicos	persona especial	persona normal
personas con discapacidad	personas en situación de dependencia	personas sordas
perturbado	postrado en silla de ruedas	retrasado
retraso mental	sin discapacidad	síndrome de Down
sonotone	sordoceguera	sordomudo
subnormal	talla baja	tetraplejia/paraplejia
tetrapléjico	tullido	usuario silla de ruedas

Tabla 2. Palabras clave seleccionadas en lengua inglesa

PALABRAS CLAVE EN LENGUA INGLESA		
abnormal	autism	autistic
backward	blind	challenged
crippled	deaf	disability
disbled people	disabled	Down syndrome
dull	dumb	dummy
feble-minded	handicapped	healthy person
idiot	impaired	impairment
insane	invalid	learning difficulty
mad person	mental condition	mental illness
mental patient	mental retardation	mentally
mongol	mute	normal person
nuts	palsy	psycho
reduced mobility	retarded	slow people
spastic	special needs	special person
wheelchair user	wheelchair-bound	

3.2.2. Descarga

En esta segunda fase del protocolo, una vez que se localizaron los textos que compondrán nuestro corpus, se procedió a la descarga manual de los mismos. La herramienta, Lexis Nexis, permite que los textos se descarguen en diferentes formatos; no obstante, consideramos más adecuado obtener todos en formato PDF.

3.2.3. Normalización

Pese a que, en esta tercera fase, Seghiri (2017: 49) indica que se deberían normalizar los formatos en uno único, en nuestro caso utilizaremos esta fase para transformar todos los documentos, que ya se encuentran en el mismo formato (PDF), al formato que necesitan las herramientas que procesarán el corpus, AntConc 3.5.9 (Anthony, 2020) y Sketch Engine. Por ello, hemos convertido los documentos a texto plano (TXT) y con una codificación específica, UTF 8.

Para asegurarnos de que todos los documentos que componen nuestro corpus tienen el formato y la codificación que necesitamos, hemos utilizado en este proceso una herramienta, AntFileConverter 1.2.1 (Anthony, 2017), que tiene como función la transformación de documentos en PDF a TXT, como podemos observar en la Figura 3, para así asegurarnos de que los documentos que obtenemos cumplen con los requisitos específicos de formato que requieren las herramientas que utilizaremos en el posterior análisis del corpus.

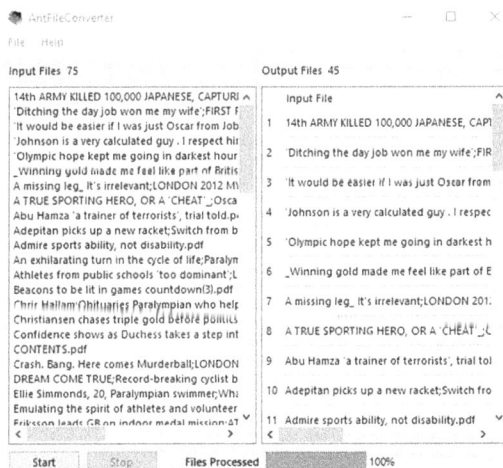

Figura 3. AntFileConverter 1.2.1.

3.2.4. Almacenamiento

En esta última fase de la compilación se ha procedido al almacenamiento de los textos definitivos que compondrán DISCORP-PRESS. Para ello, como se puede observar en la Figura 4, se ha procedido a crear una carpeta, denominada de igual manera que el corpus, DISCORP-PRESS, y, dentro de ella, se han creado cuatro subcarpetas, una por cada uno de los periódicos que se han utilizado como fuente para la obtención de los textos (ABC, EL PAÍS, THE GUARDIAN y THE TELEGRAPH).

Figura 4. Carpeta DISCORP-PRESS y subcarpetas

Al mismo tiempo que se procedía al almacenamiento, se ha procedido, por un lado, a la eliminación de los textos que se encontraban repetidos, así como, por otro, a la denominación de los archivos que finalmente forman parte de nuestro corpus. La decisión de instaurar una denominación concreta para los textos tiene el objetivo de hacerlos identificables según la procedencia, es decir, el periódico en el que se han publicado, así como la fecha en la que se publicó ese documento determinado. Por ello, la denominación de los textos comienza con el nombre del periódico (ABC, El País, The Guardian o The Telegraph) y, a continuación, se incluye, separada por una barra baja, la fecha de publicación de ese texto, en el formato día-mes-año separado, a su vez, cada componente, por una barra baja. De igual modo, en el caso de que hubiera más de un texto publicado en la misma fecha se ha decidido añadir un número (a partir del segundo texto coincidente) justo después de la fecha de publicación, separado, al igual que el resto de componentes, por una barra baja. Como podemos observar en la Figura 5, algún ejemplo de esa codificación sería: The Guardian_01_01_2013_7.txt o The Guardian_01_01_2014.txt.

The Guardian_01_01_2013.txt	11/04/2021 9:43
The Guardian_01_01_2013_2.txt	11/04/2021 9:43
The Guardian_01_01_2013_3.txt	11/04/2021 9:43
The Guardian_01_01_2013_4.txt	11/04/2021 9:43
The Guardian_01_01_2013_5.txt	11/04/2021 9:43
The Guardian_01_01_2013_6.txt	11/04/2021 9:43
The Guardian_01_01_2013_7.txt	11/04/2021 9:43
The Guardian_01_01_2014.txt	11/04/2021 9:43
The Guardian_01_01_2014_2.txt	11/04/2021 9:43
The Guardian_01_02_2007.txt	11/04/2021 9:43
The Guardian_01_02_2007_2.txt	11/04/2021 9:43

Figura 5. Ejemplo de codificación de los textos del corpus DISCORP-PRESS

Durante esta fase se produjeron varias decisiones que han determinado el número total de textos y, por consiguiente, el número de palabras que tiene nuestro corpus. En un primer momento, debido a la gran cantidad de archivos y ante la imposibilidad de manejar un corpus de ese tamaño con las herramientas destinadas a ello, decidimos seleccionar los textos únicamente de una o dos ediciones concretas de los periódicos. Por ello, se decidió escoger la edición denominada PRIMERA EDICIÓN del *ABC* y las ediciones Única Edición y Nacional Edición de *El País*, en el caso de los periódicos españoles. En el caso de los periódicos británicos se optó por la Final Edition para el periódico *The Guardian* y la National Edition, Edition 1 para *The Telegraph*.

Esta reducción de los textos nos permitió dar por concluidos los subcorpus de los periódicos españoles; no obstante, debido a la diferencia existente entre ambas lenguas y con el objetivo de que los subcorpus fueran lo más parecidos en cuanto a número de textos y palabras, fue necesario reducir el número de los textos provenientes de los periódicos británicos. Por esta razón, se decidió seleccionar los textos publicados en los días 1, 5, 10, 15, 20, 25 y el último día del mes (28 o 29 en el caso de febrero, dependiendo del año, 30 o 31 en el resto de meses) de las ediciones previamente seleccionadas. Con este último proceso de filtrado de los textos, dimos por finalizada la compilación del corpus DISCORP-PRESS.

3.2.3. Características de DISCORP-PRESS

Después de establecer el protocolo a seguir para la compilación de DISCORP-PRESS, así como llevada a cabo dicha compilación, en este apartado detallaremos las diferentes características que posee.

3.2.3.1. Tamaño

Este corpus está integrado, como queda recogido en la Tabla 3, por 9176 textos en español (6905 correspondientes al subcorpus del ABC y 2271 en el caso

del de El País) y un total de 6 012 744 millones de casos (tokens)[6] (3 912 610 y
2 100 134, respectivamente a cada periódico español). En el caso del inglés, está
compuesto por 7157 textos (4583 del periódico *The Guardian* y 2574 de *The
Telegraph*) y 6 746 798 casos (4 281 823 y 2 464 975 respectivamente de cada uno
de los periódicos británicos).

Tabla 3. N.º de textos y casos del corpus DISCORP-PRESS

	N.º DE TEXTOS	N.º DE CASOS
ABC	6905	3 912 610
El País	2271	2 100 134
TOTAL ES	**9176**	**6 012 744**
The Guardian	4583	4 281 823
The Telegraph	2574	2 464 975
TOTAL EN	**7157**	**6 746 798**

La diferencia en cuanto al número de palabras en inglés y en español se debe
al tipo de periódico seleccionado y la diferencia de formato entre los escogidos
de España y del Reino Unido, debido a que se han escogido dos *broadsheets*,
un tipo de periódico británico que se caracteriza por una mayor extensión en
el tipo de documento publicado en él, así como los temas tratados y el lenguaje
empleado (de acuerdo con los trabajos de Baker, 2010; y Pettegree, 2018, entre
otros).

3.2.3.2. Catalogación y clasificación

Son muchas las taxonomías existentes para clasificar y catalogar los corpus
atendiendo a las características que estos presentan (Baker, 1995; Laviosa, 1997;
Corpas Pastor, 2001; y Faya Ornia, 2014, entre otros). En este estudio, sin entrar
en detalle en cada una de ellas, clasificaremos nuestro corpus tomando en consideración diferentes aspectos recogidos en dichas taxonomías, a saber, según

---

6   Sería necesario aclarar que se entiende por caso (*token*) y diferenciarlo de otros con-
     ceptos que puedan llevarnos a confusión, como puede ser el caso de tipo (*type*), Por
     ello, nos basaremos en la definición que proponen McEnery y Hardie (2012: 50): «A
     token is any instance of a particular wordform in a text; comparing the number of
     tokens in the text to the number of types of tokens — where each type is a particular,
     unique wordform — can tell us how large a range of vocabulary is used in the text».

se recoge en la Tabla 4, los siguientes criterios: según el tipo y el número de textos recogidos, según el periodo de tiempo que abarca el corpus, según las lenguas involucradas, según la información que contienen los textos.

Tabla 4. Características de DISCORP-PRESS

Según el tipo y el número de textos recogidos	De textos completos/corpus textual/*full-text*
	De temática general/generalista
	De textos escritos
	Genérico
	De textos publicados
	Comparable
	De originales
	Equilibrado
Según el periodo de tiempo que abarca el corpus	Sincrónico/periódico
	Monitorizado
Según las lenguas involucradas	Bilingüe
Según la información que contienen los textos	No anotado
	No documentado

3.2.3.2.1. Según el tipo y el número de textos recogidos

En este primer criterio de clasificación se recogen aquellas características que atañen al tipo de textos que encontramos en nuestro corpus, así como al tamaño del mismo. La primera característica de nuestro corpus la recogen tres de las autoras (Laviosa, 1997; Corpas Pastor, 2001; y Faya Ornia, 2014) en sus clasificaciones (*corpus de textos completos, corpus textual, full-text corpus*) y hace referencia a la extensión de los textos que componen el corpus, que se recogen de manera íntegra, y no se limita a los fragmentos en los que aparecen las palabras clave empleadas en la fase de búsqueda.

Si atendemos al grado de especialización de la lengua de nuestros textos, pese a que pretendemos estudiar con él un ámbito concreto del saber, la terminología empleada en la discapacidad, DISCORP-PRESS está compuesto por textos no especializados de temática general, lo que autoras como Laviosa (1997) y Corpas Pastor (2001) denominan *corpus general* y Faya Ornia (2014) como *corpus generalista*.

En cuanto al formato de los textos que se recogen en DISCORP-PRESS, este se caracteriza por estar compuesto por textos escritos (*written corpus, corpus de textos escritos*), criterio que recogen dos de las autoras (Baker, 1995; Laviosa, 1997), en contraposición a aquellos que incluyen otros formatos. Otra de las características de DISCORP-PRESS y que solamente aborda Corpas Pastor (2001) en su clasificación se corresponde con el género de los textos presentes en el corpus, en el caso de DISCORP-PRESS, artículos publicados en la prensa, por lo que sería un corpus genérico al pertenecer todos los textos al mismo género textual.

La siguiente característica que recogemos, *corpus de textos publicados* (Faya Ornia, 2014: 244), hace referencia a si los textos han sido publicados con anterioridad a ser recogidos en el corpus o son textos inéditos; en nuestro caso los textos que se recogen en nuestro corpus han sido publicados en periódicos de tirada nacional, en España y Reino Unido, con anterioridad a la compilación del corpus para nuestro estudio.

Existe una dicotomía entre corpus comparables y corpus paralelos, debido a que estos conceptos han sido entendidos de manera diferente con el paso del tiempo. En nuestro caso, nuestro corpus es *comparable* atendiendo a la clasificación propuesta por Corpas Pastor (2001). Nuestro corpus, DISCORP-PRESS, está formado por textos de una temática similar, la discapacidad, en dos lenguas, pero sin que los textos que lo forman sean traducciones unos de otros. Además, se trata de un *corpus de originales* (Faya Ornia, 2014: 247), es decir, los textos recogidos están redactados en su origen en la lengua en la que se incluyen en él, al no haber ninguna traducción entre los textos que lo conforman.

La última característica dentro de este primer criterio se corresponderá con el equilibrio, que abordaremos más en detalle en un apartado posterior, pero que Corpas Pastor (2001) ya incluye en su clasificación. Podemos considerar equilibrado nuestro corpus puesto que se ha pretendido que cada una de las lenguas presentes en el mismo estuviera de igual manera representada y con una extensión similar, en cuanto a textos y palabras.

3.2.3.2.2. Según el periodo de tiempo que abarca el corpus

Este segundo criterio de nuestro corpus hace referencia al tiempo que se pretende estudiar, en este caso una década concreta (2007–2016). Puesto que nuestro corpus está restringido a un periodo concreto de tiempo, este se puede clasificar como sincrónico (*synchronic*), como consideran denominarlo tres de las autoras, ya que Corpas Pastor (2001) utiliza *corpus periódico o cronológico* para denominar a este tipo de corpus. Asimismo, Faya Ornia (2014) introduce una característica relacionada con la temporalidad de los textos presentes en el corpus, al indicar que, debido a que el corpus no se puede actualizar con nuevos documentos, estamos ante un corpus *no monitorizado*.

3.2.3.2.3. Según las lenguas involucradas

Las lenguas presentes en el corpus son otra característica para clasificarlo. En este caso, nuestro corpus contiene textos en dos lenguas (española e inglesa), por lo que, según Laviosa (1997) y Corpas Pastor (2001), se corresponde con un *corpus bilingüe*, mientras que, para Faya Ornia (2014), al haber más de una lengua involucradas, se clasificará como *corpus multilingüe*.

3.2.3.2.4. Según la información que contienen los textos

Los textos que hemos incluido en nuestro corpus se recogen de manera individual e independiente, sin ningún tipo de información que los acompañe. Por ello, atendiendo la clasificación de Corpas Pastor (2001), DISCORP-PRESS es un *corpus no anotado*, puesto que los textos no tienen ningún tipo de anotación lingüística, y un *corpus no documentado*, dado que los textos no se encuentran acompañados de otro documento que indique alguna información sobre el texto.

3.2.3.3. Equilibrio y representatividad de DISCORP-PRESS

Estos dos criterios los hemos mencionado al inicio de este capítulo y hemos considerado dedicarles un epígrafe independiente debido a la importancia que tienen a la hora de clasificar un corpus y dotarle de calidad. En cuanto al primero de ellos, el equilibrio, podemos considerar que DISCORP-PRESS lo cumple, dado que las secciones que lo componen (los cuatro subcorpus, cada uno proveniente de un periódico diferente) están compiladas empleando los mismos criterios y, como recoge la definición, pretenden cubrir todas las interacciones posibles dentro del campo de saber que pretendemos estudiar en este estudio.

Por lo tanto, desde este punto de vista nuestro corpus está equilibrado; no obstante, si atendemos a este criterio desde un punto de vista más cuantitativo observamos, como se recoge en la Tabla 3, que existen ciertas diferencias en el número de textos y de palabras en cada una de las dos lenguas involucradas y, de igual modo, entre los periódicos de cada una de ellas.

3.2.3.3.1. Determinación de la representatividad cuantitativa

Para comprobar si nuestro corpus es representativo desde un punto de vista cuantitativo utilizaremos el programa ReCor[7], diseñado por Seghiri (2006) y recogido en obras de Corpas Pastor y Seghiri (2007, 2009, 2010). Este programa

---

7   http://www.lexytrad.es/es/recursos/recor-2/ (Fecha de consulta: 10/11/2021).

analiza los textos de un corpus y genera un archivo que muestra dos gráficas: la situada a la izquierda, denominada Estudio Gráfico A, y la situada a la derecha, denominada Estudio Gráfico B.

La primera de las gráficas (Estudio Gráfico A) nos muestra en el eje horizontal el número de archivos que tiene nuestro corpus, mientras que el cociente de tipos/casos (Ty/tok) se sitúa en el eje vertical. En esta gráfica se muestran dos funciones, una que hace referencia a los archivos ordenados de manera alfabética (representada por la línea de color rojo) y otra que representa los archivos escogidos de manera aleatoria (línea azul). El hecho de que cada gráfica muestre estas dos funciones se debe a que el programa analiza los textos con el fin de que el orden en el que hayan sido incluidos en el corpus no afecte a la representatividad del mismo. Podemos observar que cuantos más textos se introduzcan, las funciones tienden a descender de manera exponencial y a estabilizarse; por ello, en el momento en el que ambas funciones se encuentren es donde se establece el número de textos que son necesarios para que el corpus sea considerado representativo de la lengua o aspecto de la lengua que se pretende estudiar.

De igual manera, la segunda gráfica, denominada Estudio Gráfico B, nos indicará el número de *tokens* a partir del cual podemos considerar nuestro corpus representativo en ese aspecto. Por ello, nos muestra en el eje horizontal el número de *tokens* y en el vertical el mismo cociente que la gráfica anterior (Ty/tok), así como las dos funciones (orden alfabético y orden aleatorio), por lo que en el punto en el que se encuentren estas funciones indicará el número de *tokens* o casos a partir de los cuales el corpus es representativo. A continuación, en los próximos subapartados abordaremos la representatividad, analizada con este programa, de cada uno de los subcorpus que componen DISCORP-PRESS, que se corresponden con cada uno de los periódicos escogidos.

3.2.3.3.1.1. Representatividad de los subcorpus de los periódicos españoles

Como podemos observar en la Figura 6, el primer paso es introducir los subcorpus, cada uno de manera independiente, en el programa ReCor, lo que nos permitirá obtener como resultado las gráficas que nos indicarán la representatividad de cada uno de ellos. De igual modo, este programa nos permitirá generar tres archivos de salida que contendrán información sobre el corpus (análisis estadístico, palabras ordenadas alfabéticamente y palabras ordenadas por frecuencia).

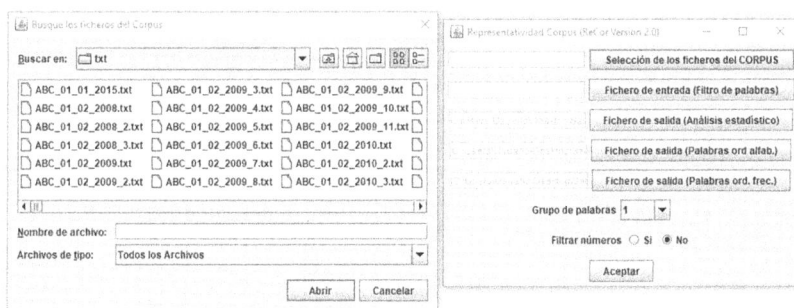

Figura 6. Programa ReCor

El primer periódico analizado, como se puede observar en la Figura 7, ha sido el *ABC*. Este subcorpus alcanza la representatividad en cuanto a número de documentos (Estudio Gráfico A) a partir de los 3000, mientras que, en el caso del número de palabras, esta se alcanzaría a partir de los 2,5 millones (Estudio Gráfico B); puesto que, como podemos observar es en ese punto en el que la curva tiende a estabilizarse y, a partir de ese momento, esta sufre apenas variación.

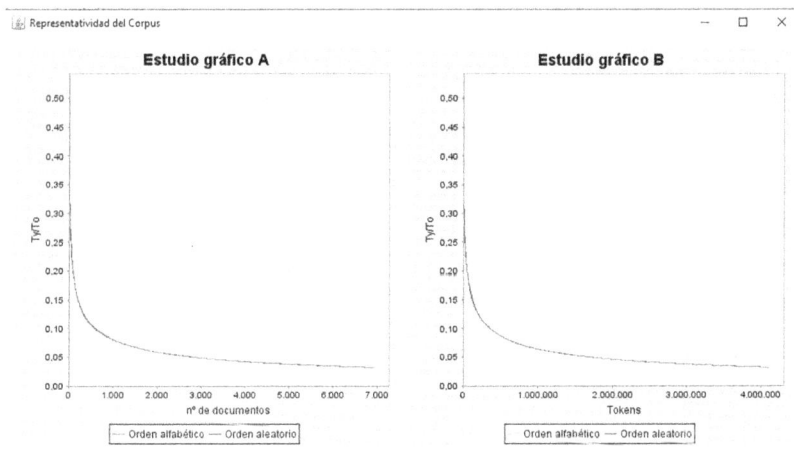

Figura 7. Representatividad del subcorpus ABC calculada con el programa ReCor

El mismo proceso se ha repetido con el segundo periódico español escogido, *El País*, que, como podemos observar en la Figura 8, alcanza la representatividad a partir de los 1500 textos y los 1,5 millones de palabras.

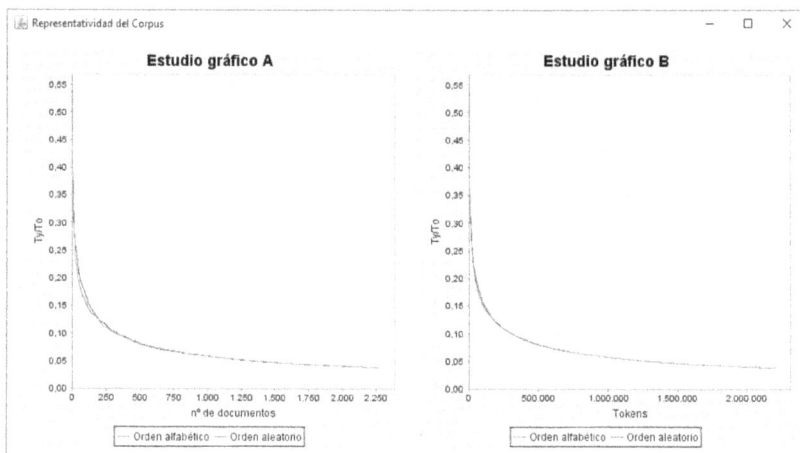

Figura 8. Representatividad del subcorpus EL PAÍS calculada con ReCor

3.2.3.3.1.2. Representatividad de los subcorpus de periódicos británicos

Al igual que con los subcorpus de los periódicos españoles, para calcular la representatividad de los periódicos británicos se ha utilizado el mismo proceso. El primero de los subcorpus de periódicos británicos en el que hemos comprobado la representatividad cuantitativa, que se recoge en la Figura 9, es el de *The Guardian*, el cual es representativo a partir de 2000 documentos y de 2 millones de palabras, como se muestra en el Estudio Gráfico A y en el Estudio Gráfico B, respectivamente.

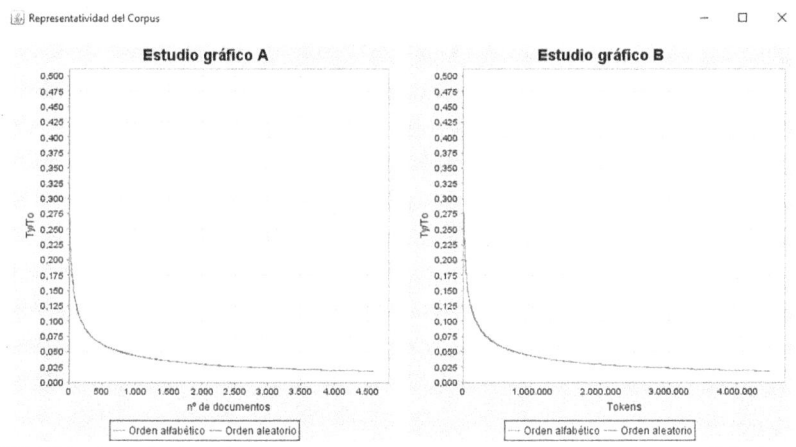

Figura 9. Representatividad del subcorpus THE GUARDIAN calculada con ReCor

En cuanto al segundo subcorpus de periódicos británicos analizado, correspondiente al *The Telegraph*, la representatividad se alcanza a partir de los 1500 textos y los 1,5 millones de palabras, como podemos observar en la Figura 10.

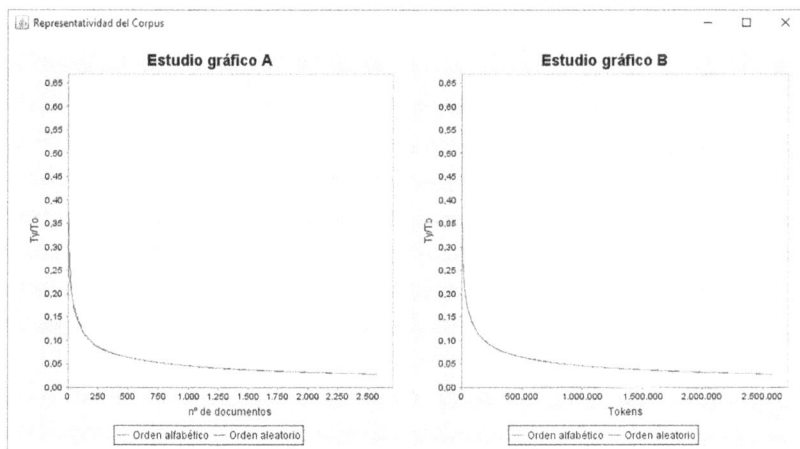

Figura 10. Representatividad del subcorpus THE TELEGRAPH calculada con ReCor

Por tanto, si atendemos a los datos que arroja el programa ReCor de cada uno de los subcorpus que conforman DISCORP-PRESS y los comparamos con los recogidos en la Tabla 3, podemos observan que cada uno de ellos es representativo de manera cuantitativa, lo que significa que, a su vez, DISCORP-PRESS también es representativo en este aspecto.

3.3. Metodología de explotación de DISCORP-PRESS

Una vez compilado DISCORP-PRESS, así como descritas sus características, la siguiente fase se corresponde con describir como procederemos a su explotación. En consecuencia, en este epígrafe describiremos la metodología empleada para extraer y analizar la terminología de la discapacidad del corpus compilado y, de esta manera, detectar patrones de comportamiento.

El primer paso en nuestro análisis será la extracción automática de términos con la herramienta TermoStat Web 3.0.: «a software tool dedicated to term extraction. The system identifies not only complex terms, but also simple terms, which often tend to be ignored by automated systems» (Drouin, 2003: 99–100). Esta herramienta, diseñada por la Universidad de Montreal tiene como finalidad la extracción de términos. Para lograrlo aplica una serie de algoritmos a un corpus implementado en la herramienta; habiendo sido previamente este corpus etiquetado mediante el etiquetador Brill (Brill, 1994), como recogen los autores de la herramienta: «TermoStat uses corpora previously tagged with Eric Brill's tagger (Brill 1994). The first step taken by the software is to locate all headwords. We consider that any noun that belongs to the list of SLPs may be considered as a headword. These headwords are used as the starting point of the term extraction process that analyzes the corpus from right to left» (Drouin, 2003: 104).

Por lo tanto, TermoStat Web nos permitirá extraer, de manera independiente, los términos presentes en cada uno de los subcorpus que conforman DISCORP-PRESS. Para ello, como se observa en la Figura 11, seleccionamos lo que queremos que nos extraiga, que en nuestro caso son todos los términos simples (*termes simples*) presentes en cada uno de los subcorpus que componen DISCORP-PRESS en cada una de las cuatro categorías que permite esta herramienta, a saber, adjetivos, adverbios, sustantivos y verbos (*adjectifs, adverbes, noms, verbes*); por lo que introducimos por separado cada uno de los subcorpus en esta herramienta de manera individual (previamente unidos todos los textos que los componen en un solo documento en formato TXT denominado todo seguido del nombre del periódico, p. ej. Todo_ABC).

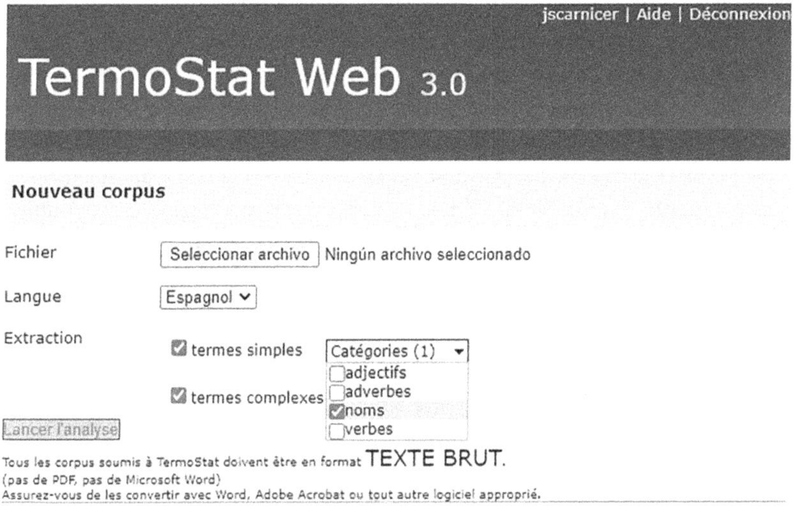

Figura 11. Página principal de TermoStat Web

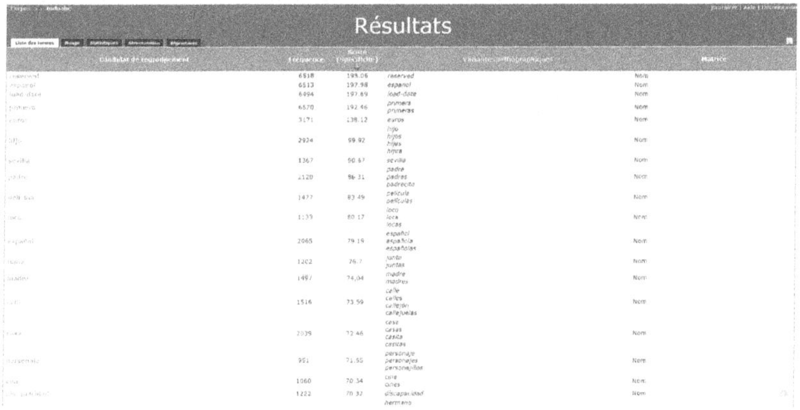

Figura 12. TermoStat Web

Como podemos observar en la Figura 12 esta herramienta nos muestra, una vez se ha realizado el proceso de búsqueda de los términos con los criterios seleccionados previamente, una interfaz disponible en las dos lenguas oficiales de Canadá (inglés y francés), en la que encontramos diferentes pestañas. La primera de ellas, dedicada a mostrar los términos, denominada *List of Terms / Liste des Termes*, presenta cinco columnas, siendo la primera (*Candidate [grouping variant]*) donde aparecerían los términos que la herramienta ha identificado, la siguiente recoge la frecuencia de aparición de dichos términos (*Frequency*), la tercera estaría dedicada a la puntuación en cuanto a especificidad que le otorga la herramienta (*Score [Specificity]*), la penúltima mostraría, si los hubiera, variantes (*Variants*) del término recogido en la primera columna y, por último, la quinta columna indicaría la categoría gramatical del término (*Pattern*).

Si atendemos a las estadísticas, TermoStat Web ha detectado 108 019 candidatos a término en el subcorpus ABC, 80 412 en el caso de EL PAÍS y, en los periódicos en lengua inglesa, 76 109 en THE GUARDIAN y 63 680 en THE TELEGRAPH. Asimismo, entre sus funcionalidades, permite descargar los resultados del análisis en formato TXT. No obstante, para que su consulta se pudiera realizar de una manera más práctica y fácil, una vez descargados los resultados de cada uno de los subcorpus, decidimos transformar esos cuatro archivos a formato Excel. Por ello, como se muestra en la Figura 13, creamos cuatro nuevos documentos, uno por cada subcorpus, a los que denominamos de la siguiente manera: WORDLIST_ABC, WORLDIST_EL PAIS, WORDLIST_THE TELEGRAPH y WORDLIST_THE GUARDIAN.

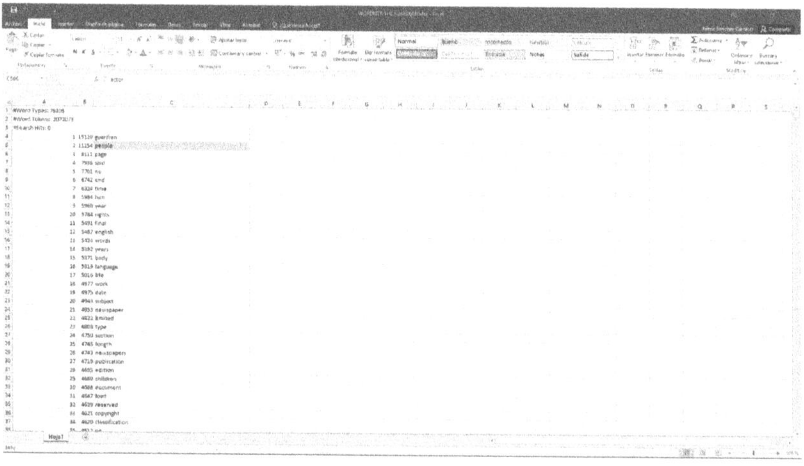

Figura 13. Descarga de TermoStat Web (WORDLIST_THE GUARDIAN)

Una vez que hemos extraído los términos presentes en cada uno de los sub-corpus que forman DISCORP-PRESS, el siguiente paso ha sido, de acuerdo con los criterios de selección de L'Homme (2004, 2020), entre los que se encuentran la relación con el campo de estudio o la frecuencia de aparición, seleccionar los diez términos más frecuentes relacionados con la discapacidad que aparecen en cada uno de los cuatro documentos mencionados previamente. Los resultados de dicha extracción manual los recogemos en la Tabla 5, en la que mostramos, clasificados por periódicos y lenguas, los términos más frecuentes junto con sus ocurrencias entre paréntesis.

Tabla 5. Los diez términos escogidos de cada subcorpus y sus ocurrencias

PERIÓDICOS ESPAÑOLES		PERIÓDICOS BRITÁNICOS	
ABC	*El País*	*The Guardian*	*The Telegraph*
personas (4444)	personas (1688)	*people (11 154)*	*people (4539)*
discapacidad (1306)	incapacidad (399)	*disabled (2668)*	*disabled (1373)*
dependencia (1053)	loco (392)	*mental (2155)*	*mental (948)*
discapacitados (1005)	discapacidad (361)	*disability (1415)*	*disability (687)*
loco (957)	capacidad (358)	*disabilities (820)*	*paralympic (480)*
dependientes (682)	discapacitados (230)	*blind (813)*	*wheelchair (471)*
capacidad (478)	dependencia (185)	*deaf (653)*	*blind (407)*
ciego (459)	dependientes (162)	*autism (558)*	*mentally (377)*
incapacidad (394)	ciego (140)	*hear (555)*	*autism (365)*
mental (383)	movilidad (116)	*wheelchair (501)*	*physical (351)*

Como se desprende de los datos de la Tabla 5, los diez términos más frecuentes en los periódicos españoles son prácticamente los mismos, siendo el único diferente el décimo en cada uno de ellos, «mental» en el caso del *ABC* y «movilidad» en el de *El País*. Asimismo, debido a las ocurrencias de cada término en los subcorpus de los periódicos españoles, observamos que, aunque se trate de los mismos términos, el orden de aparición en la tabla no es el mismo.

En el caso de los periódicos británicos observamos también una diferencia en el número de ocurrencias que presenta cada término, debido al mismo motivo que con los periódicos españoles, puesto que uno de los dos subcorpus en cada lengua es más amplio. En cuanto a los términos, observamos que son también muy similares, aunque presentan más diferencias que los encontrados en los periódicos españoles, puesto que hay tres términos que se recogen únicamente en uno de los periódicos. Estos términos son, por parte de *The Guardian, disabilities, deaf* y *hear*, y, en el caso de *The Telegraph* serían *paralympics, mentally* y *physical*.

Para este estudio tomaremos como muestra únicamente los términos más frecuentes en ambas lenguas y dentro de los periódicos de cada una de ellas, siendo «personas» en la lengua española y *people*, en el caso de la lengua inglesa. Una vez establecido los términos que estudiaremos, procederemos a buscar las unidades léxicas en las que aparezcan estos términos, que sean las más frecuentes y estén relacionadas con el ámbito de estudio, la discapacidad. Posteriormente, buscaremos sus colocaciones, entendidas de esta forma:

> unidades fraseológicas que, desde el punto de vista del sistema de la lengua, son sintagmas completamente libres, generados a partir de reglas, pero que, al mismo tiempo, presentan cierto grado de restricción combinatoria determinada por el uso (cierta fijación externa) (Corpas Pastor, 1996: 53).

Para estos pasos utilizaremos otras dos herramientas, AntConc y Sketch Engine, que nos permitirán detectar tanto las construcciones léxicas como sus colocaciones. La primera de ellas, AntConc, es definida por su propio creador (Anthony, 2005: 729) de la siguiente manera: «[...] a corpus analysis toolkit y designed by the autor for specific use in the classroom, that includes a powerful concordancer, word and keyword frequency generators, tools for cluster and lexical bundle analysis, and a word distribution plot. [...] is a freeware, multi-platform application, making it ideal for individuals, schools or colleges with a limited budget running either Windows or Linux/Unix based systems».

Figura 14. AntConc 3.5.9. (Anthony, 2020)

En el caso de la segunda, Sketch Engine, se define de esta forma: «[…] a corpus tool which takes as input a corpus of any language (with appropriate linguistic markup), and which then generates, amongst other things, words sketches for the words of that language. Those other things include a corpus-based thesaurus and 'sketch differences', which specify, for two semantically related words, what behaviour they share and how they differ» (Kilgarriff *et al.*, 2004: 105)

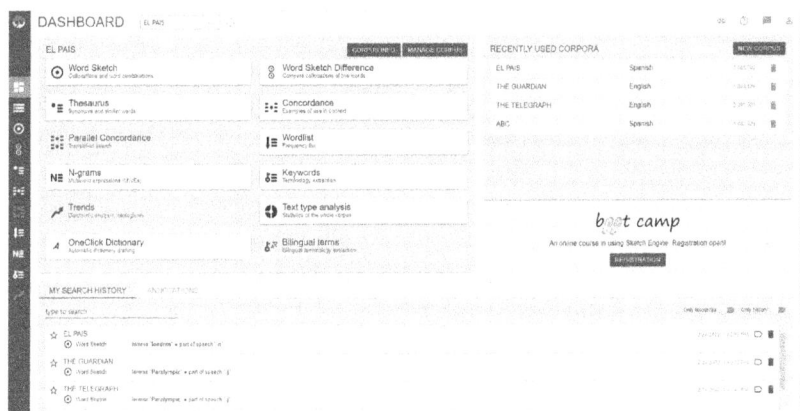

Figura 15. Sketch Engine

Hemos decidido decantarnos por AntConc por las múltiples aplicaciones que tiene, recogidas en su definición, así como su interfaz de fácil comprensión y manejo; además de por otro aspecto clave, que es la gratuidad de su descarga y uso. Asimismo, el hecho de que esta herramienta se haya utilizado en trabajos previos de análisis de corpus, como los de Sánchez Ramos (2017), Toledo Báez y Martínez Lorente (2018), Fernández Nistal (2020) y Ortego Antón (2021), entre otros, ha influido en el momento de escoger esta herramienta para el análisis.

Hemos decidido también utilizar Sketch Engine, pese a no ser gratuita, por la potencia de su motor de búsqueda, las funcionalidades que presenta y su capacidad de almacenamiento, puesto que podemos tener los cuatro subcorpus (cerca de trece millones de palabras en total) en un mismo sitio y poder consultarlos sin necesidad de cerrar y abrirlos; situación que sí que sucede en AntConc, al no poder tener abierto más de un corpus al mismo tiempo.

Decididas las herramientas que utilizaremos en nuestro análisis, el siguiente paso es describir en qué momento y para qué intervendrán cada una de ellas. La primera herramienta que emplearemos será Sketch Engine, en la que hemos introducido nuestro corpus DISCORP-PRESS al completo, para, de esta manera poder consultar y tener acceso a todos los textos que lo componen, con el fin de obtener lo que esta herramienta denomina *multi-word expressions* (MWE). Para ello, dentro de esta herramienta, hemos utilizado la función de N-GRAMS, los cuales entendemos de esta forma: «[...] sequences of elements as they appear in texts. These elements can be words, characters, POS tags,1 or any other elements as they appear one after another in texts. Common convention is that "n" in n-grams corresponds to the number of elements in a sequence» (Sidorov *et al.*, 2014: 853).

Esta funcionalidad en la herramienta nos permite realizar búsquedas de expresiones formadas desde dos hasta seis palabras; no obstante, para este trabajo hemos decidido solamente buscar las construcciones formadas entre dos y cinco palabras (Pizarro, 2017) que contengan los términos seleccionados para nuestro estudio y estén relacionadas con el ámbito de la discapacidad.

Estas unidades léxicas se recogerán en tablas, en el siguiente capítulo, clasificadas por lengua y por periódico, en la que se ordenarán de mayor a menor por número de ocurrencias y se mostrará también el número de textos total en que aparece esa unidad (para lo que se ha utilizado la pestaña Concordance Plot de la herramienta AntConc) y la frecuencia por millón.

Una vez se establezcan las unidades léxicas que se estudiarán de los términos seleccionados, procederemos a buscar, también dentro de Sketch Engine, las colocaciones de cada una de ellas, tomando como referencia la clasificación de Corpas Pastor (1996), concretamente las formadas por un verbo y un sustantivo, un sustantivo y un adjetivo y un sustantivo más una preposición y otro sustantivo. Asimismo, en este análisis hemos decidido incluir una categoría que no se recoge en esa clasificación y es aquella formada por un sustantivo más una conjunción y otro sustantivo. Esta decisión se debe al número de veces que los términos de la discapacidad aparecen acompañados por sustantivos en situación de comparación, encuadrándolos en el mismo grupo y dotando al término relacionado con la discapacidad de ciertas connotaciones negativas.

Las colocaciones de cada una de las unidades léxicas se recogerán en diferentes tablas que mostrarán, además, el número de ocurrencias totales de dicha colocación, el número de textos en los que aparece y su frecuencia normalizada por millón. Asimismo, dependiendo del número de ocurrencias y de las colocaciones recogidas en las diferentes tablas, se optará por dividir las colocaciones en diferentes tipos (según la formación gramatical de las mismas) o concentrar todas en una sola tabla.

De igual manera, se tendrán en cuenta, a la hora de seleccionar las colocaciones, otros dos factores: el campo semántico al que pertenezcan, es decir, que sea pertinente y relacionado con la discapacidad, y la temporalidad, para que abarquen, en la medida de lo posible, la mayor cantidad de años del corpus. Este proceder se realizará, en primer lugar, con los dos periódicos en la lengua española y, posteriormente, con los de la lengua inglesa. Asimismo, primero se analizarán las unidades comunes en ambos periódicos y los apartados finales de cada una de las lenguas se corresponderán con aquellas unidades que solamente aparezcan en uno de ellos.

El último paso, una vez recogidas las unidades léxicas y sus colocaciones, se compararán los resultados atendiendo a cuatro criterios diferentes: unidades léxicas en cuanto a aceptación por parte de las asociaciones, colocaciones, campos semánticos y temporalidad. Esta comparación se realizará primero entre los periódicos de una misma lengua, para comparar el comportamiento de esa lengua y, posteriormente, se compararán las dos lenguas involucradas en este trabajo, con el fin de observar posibles diferencias entre ellas. Por lo que, aplicando esta metodología, procedemos en el siguiente apartado a describir los términos de «personas» y *people*, así como sus unidades léxicas y sus colocaciones.

4 La discapacidad a través del ejemplo de «personas»/*people*

Una vez compilado el corpus, así como explicada la propuesta de metodología para la explotación del mismo, el siguiente paso es aplicarla. Por ello, una vez que tenemos seleccionados los términos que vamos a estudiar, gracias a la extracción automática de herramientas como TermoStat Web y de su validación manual, utilizaremos las otras dos herramientas escogidas para este proceso, AntConc y Sketch Engine, para llevar a cabo el análisis de las unidades y sus colocaciones. De los diez términos que hemos seleccionado, en este trabajo, estudiaremos las colocaciones del más frecuente en los cuatro periódicos, así como en ambas lenguas, «personas», en el caso de la lengua española, y, su equivalente, «people», en la inglesa. A continuación, mostraremos las colocaciones de cada uno de los términos, en primer lugar, atendiendo a la clasificación mencionada en la metodología: 1) sustantivo + preposición + término; 2) término + adjetivo; 3) verbo + término; y 4) sustantivo + conjunción + término. En segundo lugar, dentro de cada tipología atenderemos a diferentes campos semánticos, por ejemplo, el empleo o los diferentes paradigmas sobre discapacidad, entre otros.

4.1. Personas

El primer término que vamos a analizar, «personas», es el más frecuente en los dos periódicos españoles que componen la muestra de selección; como podemos observar en la Tabla 6, en la que se recogen las ocurrencias del término en ambos periódicos, el número de textos en los que se encuentran esas ocurrencias, así como la frecuencia normalizada por millón.

Tabla 6. Ocurrencias y frecuencia por millón de «personas» en los periódicos españoles

Periódico	Ocurrencias	N.º de textos	Frecuencia por millón
ABC	4451	2259	954,71
El País	1687	891	677,64

Podemos observar en la Tabla 6 que el término analizado en este apartado, «personas», tiene en *ABC* el triple de resultados, tanto en ocurrencias como en número de textos. Por lo tanto, la frecuencia por millón de las unidades seleccionadas será mayor en este periódico que en *El País*.

El siguiente paso, que se muestra en la Tabla 7, relativa al *ABC*, y en la Tabla 8, con datos de *El País*, ha sido la búsqueda de las unidades léxicas compuestas (*N-Grams*), formadas por un máximo de cinco palabras, que sean las más frecuentes que contengan ese término, así como que estén relacionadas con el campo del saber que nos atañe, la discapacidad. En estas tablas se recoge la unidad léxica compuesta en la primera columna y, al igual que en la anterior tabla, también se incluye en ellas el número de ocurrencias totales en el corpus en la segunda, el número de textos en la tercera y, por último, en la cuarta columna de cada tabla se recoge la frecuencia normalizada por millón.

Tabla 7. N-Grams más frecuentes en *ABC* que contienen «personas»

N-Grams	Ocurrencias	N.º de textos	Frecuencia por millón
Personas con discapacidad	630	419	135,43
Personas dependientes	189	152	40,63
Personas mayores	163	129	35,04
Personas discapacitadas	123	109	26,44
Personas sordas	82	43	17,63
Personas normales	51	50	9,67
Personas ciegas	43	35	9,24
Personas con problemas	21	19	4,51

Tabla 8. N-Grams más frecuentes en *El País* que contienen personas

N-Grams	Ocurrencias	N.º de textos	Frecuencia por millón
Personas con discapacidad	91	77	37,36
Personas dependientes	31	28	12,45
Personas normales	23	23	9,24
Personas mayores	22	22	8,84
Personas con movilidad reducida	12	11	4,82
Personas discapacitadas	12	12	4,02
Personas sordas	10	6	4,02
Personas con síndrome de Down	7	5	2,81

De las ocho expresiones seleccionadas, los dos periódicos coinciden en seis y
se diferencian en «personas con movilidad reducida» y «personas con síndrome
de Down» que están recogidas entre las más frecuentes de *El País* y, en el caso
del *ABC*, las dos menos frecuentes de las seleccionadas, «personas ciegas» y
«personas con problemas», serían las no repetidas. A continuación, mostraremos en primer lugar los resultados de aquellas unidades léxicas compuestas
que se repiten en ambos periódicos, para, de esta manera, poder compararlas,
siendo las no repetidas las que mostraremos en último lugar.

4.1.1. Personas con discapacidad

La primera de las unidades que analizaremos, siguiendo la metodología propuesta, será la más frecuente en ambos periódicos, en este caso, «personas con
discapacidad», la cual, como mostrábamos en las tablas anteriores, tiene un
total de 630 ocurrencias (135,43 por millón) en el corpus del *ABC* y un total de
91 (37,36 por millón) en *El País*.

4.1.1.1. Personas con discapacidad (*ABC*)

Dentro del primer patrón que estudiaremos, sustantivo + preposición + sustantivo, el primer campo semántico que abordaremos es el del empleo, debido a que
encontramos colocaciones relativas al acceso de estas personas a un puesto de
trabajo o a la sociedad en su conjunto, puesto que observamos cómo se las puede
insertar o integrar laboral y socialmente, o bien que tengan acceso al empleo e
incluso, directamente se las contrate (aunque es la menos frecuente), como podemos observar en la Tabla 9. Asimismo, podemos observar estas colocaciones a lo
largo de todos los años que abarca nuestro corpus, sin tener un dominador claro
y siendo las cuatro colocaciones contemporáneas unas de otras.

Tabla 9. Colocaciones sobre el empleo de «personas con discapacidad» en *ABC*

Colocación	Ocurrencias	N.º de textos	Frecuencia por millón
integración + personas con discapacidad	37	31	7,95
inserción + personas con discapacidad	10	10	2,15
empleo + personas con discapacidad	18	13	3,87
contratación + personas con discapacidad	4	4	0,86

Dentro del segundo tipo de colocaciones, las compuestas por un adjetivo, observamos que estos sirven para calificar la discapacidad, es decir, no afectan a todo el término («personas con discapacidad»), sino solamente a uno de los componentes del mismo («discapacidad»); por ello, encontramos dentro de este apartado diferentes adjetivos utilizados para denominar varios tipos de discapacidad (Tabla 10). Al igual que en el primer grupo de colocaciones, no es demasiado relevante el aspecto temporal, puesto que encontramos el uso de estos adjetivos y, por lo tanto, la catalogación de la discapacidad, a lo largo de todos los años que componen nuestro corpus.

Tabla 10. Colocaciones de «personas con discapacidad» + adjetivo en *ABC*

Colocación	Ocurrencias	N.º de textos	Frecuencia por millón
personas con discapacidad **intelectual**	63	45	13,54
personas con discapacidad **auditiva**	14	14	3,01
personas con discapacidad **visual**	12	12	2,58
personas con discapacidad **psíquica**	13	12	2,79
personas con discapacidad **física**	14	14	3,01
personas con discapacidad **sensorial**	8	8	1,72

Las últimas colocaciones de «personas con discapacidad» en el periódico *ABC* que comentaremos son las formadas por un verbo; en las cuales observamos muchas similitudes con el fenómeno detectado al analizar las colocaciones formadas por un sustantivo, puesto que retomamos el marco semántico del empleo, con colocaciones que contienen verbos como «trabajar» o «potenciar» y «posibilitar» el acceso al trabajo.

Asimismo, encontramos colocaciones que mantienen el hecho de que las personas con discapacidad necesiten ayuda, que se detectan a lo largo de varios años en el corpus, o se les deban facilitar diversos aspectos de su vida, que se recogen solamente en dos años de nuestro corpus, lo que implica una visión continuista de paradigmas obsoletos, concretamente el médico-rehabilitador (Tabla 11).

Tabla 11. Colocaciones de verbo + término de «personas con discapacidad» en *ABC*

Colocación	Ocurrencias	N.º de textos	Frecuencia por millón
trabajar + personas con discapacidad	6	5	1,9
ayudar + personas con discapacidad	6	6	1,9
facilitar + personas con discapacidad	4	4	0,86
posibilitar + personas con discapacidad	3	3	0,64
potenciar + personas con discapacidad	3	2	0,64

4.1.1.2. Personas con discapacidad (*El País*)

Dentro de la primera categoría, la relativa a sustantivo + preposición + sustantivo, observamos colocaciones similares a las detectadas en el *ABC*, tanto en el patrón, como en el campo semántico al que pertenecen, en este caso, la inserción laboral y el empleo de personas con discapacidad, como, por ejemplo, «inserción laboral de personas con discapacidad» o «integración laboral de personas con discapacidad», aunque aparecen en menor medida, al tener solamente dos ocurrencias cada una de ellas (0,8 por millón), como podemos observar en la Tabla 12, y están presentes a lo largo de los años que componen el corpus y su uso no se restringe a un año en particular.

Tabla 12. Colocaciones sobre empleo y «personas con discapacidad» en *El País* (I)

Colocación	Ocurrencias	N.º de textos	Frecuencia por millón
integración + personas con discapacidad	2	2	0,8
inserción + personas con discapacidad	2	2	0,8

No obstante, observamos colocaciones pertenecientes a este mismo campo semántico que no aparecen en el otro periódico español y que recogemos en la Tabla 13. Aunque tienen una frecuencia de aparición muy baja (0,4 por millón), por ejemplo, «inclusión laboral de personas con discapacidad» y «ocupación laboral de personas con discapacidad», nos gustaría destacar que la primera de ellas aparece en el penúltimo año de nuestro corpus (2015), mientras que la de «ocupación laboral» se encuentra en el intermedio de nuestro corpus.

Tabla 13. Colocaciones sobre empleo y «personas con discapacidad» en *El País* (II)

Colocación	Ocurrencias	N.º de textos	Frecuencia por millón
inclusión + personas con discapacidad	1	1	0,4
ocupación + personas con discapacidad	1	1	0,4

De igual manera, existen colocaciones, como las recogidas en la Tabla 14, que perpetúan la idea de que las personas con discapacidad son en cierta manera «inferiores», es decir, se engloban dentro del campo semántico de los paradigmas de la discapacidad, concretamente en el médico-rehabilitador, debido a que implícitamente se intuye que son personas que necesitan unos cuidados especiales o alguien que se haga cargo de ellas. En este caso las colocaciones se sitúan en los dos extremos de nuestro corpus, lo que implica que esta noción perdura a lo largo del tiempo.

Tabla 14. Colocaciones de sust. que perpetúan el paradigma médico-rehabilitador en *El País*

Colocación	Ocurrencias	N.º de textos	Frecuencia por millón
personas con discapacidad + **a cargo**	2	2	0,8
cuidadores para + personas con discapacidad	1	1	0,4

Observamos en la Tabla 15 que la construcción «personas con discapacidad» también aparece en colocaciones formadas por un adjetivo calificativo, que nos permite identificar diferentes tipos de discapacidad, bien relacionadas con la mente (intelectual o psíquica), o bien relacionadas con algún sentido (auditiva o visual) o un aspecto del cuerpo (física), lo que posibilita catalogar el amplio abanico de discapacidades existentes. La temporalidad dentro de este grupo de colocaciones no es significativa de cara a nuestro estudio, puesto que aparecen en diversos años a lo largo del corpus y su ocurrencia no es demasiado elevada, salvo en el caso de «intelectual» (seis veces y 2,41 veces por millón), el resto de colocaciones presenta una o dos ocurrencias.

Tabla 15. Colocaciones de adjetivo de «personas con discapacidad» en *El País*

Colocación	Ocurrencias	N.º de textos	Frecuencia por millón
Personas con discapacidad **intelectual**	6	6	2,41
Personas con discapacidad **auditiva**	2	2	0,8
Personas con discapacidad **física**	1	1	0,4
Personas con discapacidad **psíquica**	1	1	0,4
Personas con discapacidad **visual**	2	2	0,8

Las colocaciones del siguiente grupo, aquellas formadas por un verbo, podemos englobarlas en los campos semánticos que hemos observado en las colocaciones del primer grupo; ya que, como se muestra en la Tabla 16, en algunas aparecen verbos relacionados con el trabajo (como «integrar» o «emplear») y en otras se mantiene la idea del paradigma médico-rehabilitador (como es el caso de «adaptar» o «quedar supeditadas a»). Asimismo, encontramos otras colocaciones en las que el verbo no se engloba dentro de ninguno de estos campos semánticos, sino que tienen un uso más neutro, como puede ser el caso de «estar» o «tener».

Tabla 16. Colocaciones verbales de «personas con discapacidad» en *El País*

Colocación	Ocurrencias	N.º de textos	Frecuencia por millón
emplear + personas con discapacidad	2	2	0,8
integrar + personas con discapacidad	1	1	0,4
adaptar + personas con discapacidad	1	1	0,4
quedar supeditados a + personas con discapacidad	1	1	0,4
estar + personas con discapacidad	2	2	0,8
tener + personas con discapacidad	5	5	2,01

Asimismo, dentro de las colocaciones de esta construcción, se recogen algunas que no encontramos en el periódico anterior al analizar esta unidad léxica y se construyen con un término más una conjunción y otro término. Dentro de este patrón observamos que el campo semántico más recurrente se corresponde con el del paradigma médico-rehabilitador, puesto que las personas con discapacidad aparecen acompañadas de términos con unas connotaciones negativas, estrechamente relacionadas con este campo, como es el caso de «enfermedades», como se muestra en la Tabla 17.

Tabla 17. Colocaciones con conjunción de «personas con discapacidad» en *El País*

Colocación	Ocurrencias	N.º de textos	Frecuencia por millón
personas con discapacidad + **parados**	2	2	0,8
personas con discapacidad + **enfermedades**	1	1	0,4

4.1.2. Personas dependientes

La segunda unidad de la que mostraremos los resultados es la segunda más frecuente, la cual tiene una ocurrencia de 189 (40,63 por millón) en el *ABC* y de 31 (12,45 por millón) en *El País*. A continuación, mostraremos los resultados del análisis, diferenciados por periódico.

4.1.2.1. Personas dependientes (*ABC*)

Dentro del primer patrón de colocaciones encontramos algunas que englobamos dentro del campo semántico del paradigma médico-rehabilitador, al igual que observábamos en el caso de «personas con discapacidad», puesto que se mantiene la idea de que las «personas dependientes» necesitan gente que las cuide o las atienda, hasta el punto de ser consideradas una carga, como se muestra en la Tabla 18. No obstante, en este tipo de colocaciones sí que es importante señalar el aspecto temporal de las mismas, puesto que están restringidas a los primeros años del corpus, sobre todo el periodo comprendido entre 2007 y 2009, aunque hay alguna fuera de ese periodo, como «personas dependientes + a cargo», del año 2012.

Tabla 18. Colocaciones de sustantivo + preposición de «personas dependientes» en *ABC*

Colocación	Ocurrencias	N.º de textos	Frecuencia por millón
cuidadores/cuidadoras de + personas dependientes	9	9	1,93
atención a + personas dependientes	21	19	4,51
cuidado de + personas dependientes	12	12	2,58
ayudas a/para + personas dependientes	12	8	2,58
asistencia de/para + personas dependientes	5	5	1,07
personas dependientes + **a cargo**	7	7	1,5
valoración + personas dependientes	4	4	0,86

La unidad «personas dependientes» también posee colocaciones del segundo tipo, aquellas en las que dicha unidad aparece acompañada de un adjetivo, como recogemos en la Tabla 19.

Tabla 19. Colocaciones de adjetivo de «personas dependientes» en *ABC*

Colocación	Ocurrencias	N.º de textos	Frecuencia por millón
moderado + personas dependientes	1	1	0,21
severo + personas dependientes	1	1	0,21

De los datos de la Tabla 19 se puede observar que el adjetivo modifica a toda la unidad y sirve para catalogar el grado de dependencia, estrechamente relacionadas estas colocaciones con la última de la Tabla 18. Estas colocaciones tienen un uso muy limitado dentro del corpus, ya que solamente registramos una ocurrencia de cada una, aunque consideramos necesario incluirlas debido a la importancia que tienen para la delimitación de la unidad. De igual modo, la temporalidad no es relevante, puesto que, al aparecer únicamente una vez en el corpus, su uso queda restringido a ese año, concretamente el primero de nuestro corpus (2007).

En el caso de las colocaciones del tercer tipo, aquellas en las que la unidad aparece junto a un verbo, continuamos con ejemplos (Tabla 20) del campo semántico del paradigma médico-rehabilitador. Observamos, en las colocaciones recogidas en la tabla, que aparecen verbos que indican que estas personas necesitan ser cuidadas («cuidar», «atender» o «mimar»), así como aquellas en las que se trata de decidir el grado de dependencia, incluido en las colocaciones que hemos indicado en la tabla anterior, que estas personas pueden tener («evaluar»). No obstante, también encontramos colocaciones relacionadas con la economía y las prestaciones que estas personas pueden recibir («pagar» o «cobrar»). Al igual que hemos podido comprobar en el primer grupo de colocaciones, la temporalidad de este tipo está restringida al mismo periodo, a los primeros años de nuestro corpus, siendo las colocaciones más «recientes» del año 2010.

Tabla 20. Colocaciones verbales de «personas dependientes» en *ABC*

Colocación	Ocurrencias	N.º de textos	Frecuencia por millón
atender + personas dependientes	5	5	1,07
cuidar + personas dependientes	2	2	0,43
mimar + personas dependientes	1	1	0,21
cobrar + personas dependientes	2	1	0,43
pagar + personas dependientes	3	3	0,64
valorar + personas dependientes	1	1	0,21

Las últimas colocaciones que mostraremos de esta unidad en este periódico son aquellas en las que aparece junto con otros términos, separados ambos por una conjunción, bien copulativa («y»), bien adversativa («o»). Estas colocaciones tienen una connotación no demasiado positiva, ya que engloba en el mismo grupo social a las personas dependientes con personas que no tienen trabajo o que se encuentran aisladas o, incluso, las compara con las personas con discapacidad, como podemos comprobar en la Tabla 21. Como sucede en el resto de colocaciones de esta unidad léxica, las de este grupo también se encuentran dentro de los primeros años que abarca nuestro corpus.

Tabla 21. Colocaciones sustantivo + conjunción de «personas dependientes» en *ABC*

Colocación	Ocurrencias	N.º de textos	Frecuencia por millón
Personas dependientes **o con discapacidad**	3	3	0,64
Personas dependientes **y solas**	2	2	0,43
Personas dependientes **y parados**	2	2	0,43

4.1.2.2. Personas dependientes (*El País*)

Dentro de este periódico solamente encontramos para esta unidad colocaciones de dos tipos: 1) sustantivo + preposición + término, y 2) verbo + término. Estos dos tipos de colocaciones nos muestran ejemplos de dos campos semánticos, el primero de ellos sería la economía, ya que algunas personas dependientes reciben una ayuda económica («prestaciones» o «recibir/cobrar ayudas»), y el del paradigma médico-rehabilitador, puesto que se da a entender que estas personas necesitan de unas medidas especiales o que se les haga más fácil la vida («cuidados», «asistencia» o «facilitar»), o incluso aquellas en las que se muestra que tienen una vida o una muerte de manera aislada o que no reciben lo que les correspondería, como podemos observar en la Tabla 22. Estas colocaciones se encuentran a lo largo de todo el corpus, no están restringidas a un periodo concreto de un número de años.

Tabla 22. Colocaciones «personas dependientes» en *El País*

Colocación	Ocurrencias	N.º de textos	Frecuencia por millón
atención a + personas dependientes	5	5	2,01
cuidadores de + personas dependientes	1	1	0,4
cuidados de + personas dependientes	1	1	0,4
asistencia a + personas dependientes	1	1	0,4
prestaciones para + personas dependientes	2	1	0,8
facilitar + personas dependientes	1	1	0,4
recibir/cobrar + personas dependientes	2	2	0,8
vivir/morir + personas dependientes	2	2	0,8

4.1.3. Personas mayores

Continuando con la metodología propuesta, la tercera unidad que analizaremos es la tercera más frecuente entre las escogidas en el *ABC* con 163 ocurrencias (35,04 por millón) y la cuarta en *El País* con 22 ocurrencias (8,84 por millón).

4.1.3.1. Personas mayores (*ABC*)

En el caso de esta unidad, observamos que las colocaciones más reseñables, pertenecientes a los diferentes tipos que estudiamos en este trabajo, son aquellas relacionadas con el campo semántico del paradigma médico-rehabilitador, como se recoge en la Tabla 23, puesto que aquellas formadas por un sustantivo o un verbo muestran a las personas mayores como personas que necesitan cuidados, atención o vivir en determinados espacios pensados para ellos. De igual manera, encontramos esta unidad acompañada de términos que representan la carencia de algún aspecto, como, por ejemplo, «inválido» o «minusválido». En cuanto a la temporalidad de las colocaciones, observamos que esta unidad aparece a lo largo de todo el corpus, aunque predomina su frecuencia en los primeros años del corpus (2007–2010).

Tabla 23. Colocaciones de «personas mayores» en *ABC*

Colocación	Ocurrencias	N.º de textos	Frecuencia por millón
residencia de/para + personas mayores	7	7	1,5
hogares de + personas mayores	2	1	0,8
atención a + personas mayores	7	7	1,5
cuidadora de + personas mayores	1	1	0,4
minusválido + personas mayores	2	2	0,8
enfermo + personas mayores	2	2	0,8
inválido + personas mayores	2	2	0,8
atender + personas mayores	2	2	0,8
necesitar + personas mayores	1	1	0,4

4.1.3.2. Personas mayores (*El País*)

Dentro de esta unidad en este periódico encontramos que la mayoría de las colocaciones, de tres de los tipos estudiados en este trabajo (sustantivo + preposición + sustantivo; sustantivo + adjetivo; y verbo + sustantivo), las podemos englobar dentro del campo semántico del paradigma médico-rehabilitador, puesto que señalan el hecho de que las personas mayores necesiten cuidados o que estén pendientes de ellas; no obstante, también podemos encontrar alguna colocación relativa a otros paradigmas, como sería el de la autonomía personal, como podemos observar en la siguiente tabla (Tabla 24). En cuanto a su temporalidad, estas colocaciones aparecen en nuestro corpus en múltiples años, lo que indica una perdurabilidad en el tiempo de esta unidad.

Tabla 24. Colocaciones de «personas mayores» en *El País*

Colocación	Ocurrencias	N.º de textos	Frecuencia por millón
educadores sociales para + personas mayores	1	1	0,4
autonomía de + personas mayores	1	1	0,4
personas mayores + **dependientes**	1	1	0,4
violencia contra + personas mayores	1	1	0,4
cuidar + personas mayores	2	2	0,8
personas mayores + **aterradas**	1	1	0,4

4.1.4. Personas discapacitadas

Hasta ahora, dos de las anteriores unidades («personas con discapacidad» y «personas mayores») se encuentran aceptadas por las diferentes asociaciones especializadas en el ámbito de la discapacidad que utilizamos en un primer momento para compilar el corpus; no obstante, el uso de la unidad que analizaremos en este apartado no está recomendado por dichas asociaciones, al igual que la unidad léxica «personas dependientes», al poseer ciertas connotaciones negativas y despectivas hacia las personas con discapacidad. Las ocurrencias de esta unidad en el *ABC* son de 123 (26,44 por millón), se corresponde con la cuarta más frecuente de las unidades escogidas para el estudio, y de 12 (4,02 por millón) en el caso de *El País*, lo que supone que sea la sexta más frecuente entre las ocho que se han escogido.

4.1.4.1. Personas discapacitadas (*ABC*)

En este periódico encontramos dos campos semánticos en los que encuadrar las colocaciones de esta unidad, recogidas en la Tabla 25, y volvemos a dar cuenta de que los campos semánticos a los que pertenece esta unidad son los mismos que los relativos al resto de unidades estudiadas: el empleo y el paradigma médico-rehabilitador. En el caso del primero, observamos diferentes maneras de referirse al hecho de incluir a personas discapacitadas dentro de las plantillas de trabajadores, desde el hecho de «contratarlas» (la más frecuente), hasta «integrarlas» o «insertarlas» laboralmente, siendo representado este campo en las colocaciones verbales con verbos como «trabajar» o «contratar». En el segundo campo semántico, relativo al paradigma médico-rehabilitador, las colocaciones nos indican que las personas discapacitadas tienen unas necesidades especiales o que requieren tratamiento e incluso que se pueden sentir discriminadas.

En cuanto a la presencia de esta unidad en los años que comprende nuestro corpus, hemos detectado que aparece en la mayoría de los años que abarca el estudio, puesto que existen resultados del primer año del que se recogen datos en el corpus (2007), así como del último que marca el final del corpus (2016). No obstante, podemos encontrar la mayoría de las colocaciones de esta unidad en el primer tercio del corpus (2007–2010), lo que nos indica una preferencia por esta unidad durante esos años y una menor frecuencia en los años más recientes de nuestro corpus, lo que puede indicar un uso más residual con el paso del tiempo.

Tabla 25. Colocaciones de «personas discapacitadas» en *ABC*

Colocación	Ocurrencias	N.º de textos	Frecuencia por millón
contratación + personas discapacitadas	4	4	0,86
integración + personas discapacitadas	3	3	0,64
inserción + personas discapacitadas	2	2	0,43
discriminación + personas discapacitadas	1	1	0,21
tratamiento + personas discapacitadas	1	1	0,21
atención + personas discapacitadas	2	2	0,43
cuidado + personas discapacitadas	1	1	0,21
tratar + personas discapacitadas	1	1	0,21
atender + personas discapacitadas	3	2	0,64
trabajar + personas discapacitadas	2	2	0,43
contratar + personas discapacitadas	1	1	0,21
discriminar + personas discapacitadas	2	2	0,43
facilitar + personas discapacitadas	4	4	0,86

4.1.4.2. Personas discapacitadas (*El País*)

Esta unidad, dentro del periódico *El País*, como hemos mencionado al inicio del apartado, tiene una ocurrencia de 12 resultados, lo que indica que no tiene un uso demasiado extendido dentro de este corpus. Las colocaciones, mostradas en la Tabla 26, más reseñables de esta unidad las podríamos incluir dentro de

los mismos campos semánticos señalados en el otro periódico, es decir, el trabajo y el paradigma médico-rehabilitador. En cuanto a la temporalidad de esta
unidad dentro de este periódico, esta tiene una presencia a partir del segundo
tercio de los años que comprenden nuestro corpus.

Tabla 26. Colocaciones de «personas discapacitadas» en *El País*

Colocación	Ocurrencias	N.º de textos	Frecuencia por millón
fundación de+ personas discapacitadas	1	1	0,4
empleo para + personas discapacitadas	1	1	0,4
asistir + personas discapacitadas	1	1	0,4
facilitar + personas discapacitadas	1	1	0,4

4.1.5. Personas sordas

Esta quinta unidad que analizamos en este apartado presenta un total de 82
ocurrencias en el *ABC* (17,63 por millón) y de 10 (4,02 por millón) en el caso de
El País. Esta unidad es la quinta más frecuente en *ABC* de las escogidas para este
estudio, mientras que en *El País* es la séptima, ocupando el penúltimo lugar. Al
igual que la anterior unidad que hemos analizado, «personas discapacitadas»,
su uso no está recomendado por todas las asociaciones, que sugieren que se
centre la atención en las personas («personas con discapacidad auditiva») y no
en el problema, aunque existen otras asociaciones que sí que mantienen su uso
como recomendado.

4.1.5.1. Personas sordas (*ABC*)

Dentro de esta unidad encontramos colocaciones de tres de los tipos delimitados. De estos tres tipos, la formada por el término más un adjetivo no ofrece
ejemplos reseñables. En cuanto a aquellas de las que hemos recogido ejemplos
en la Tabla 27, podemos incluirlas dentro de dos campos semánticos, el primero
de ellos sería el hecho de acceder a la información y la posibilidad de comunicarse que tienen estas personas y el segundo sería el del paradigma médico-
rehabilitador, puesto que se da una idea de que las personas sordas necesitan
ciertos cuidados y que se las atienda de una manera especial. De igual manera,
hemos observado que esta unidad suele ir acompañada de otros sustantivos,

bien con la misma dificultad auditiva o incluso con otro tipo de discapacidad
o sin discapacidad alguna. Las colocaciones de esta unidad están encuadradas en los primeros años de nuestro corpus, siendo las más «recientes» dos del
año 2010.

Tabla 27. Colocaciones de «personas sordas» en *ABC*

Colocación	Ocurrencias	N.º de textos	Frecuencia por millón
signoguías para + personas sordas	2	1	0,43
subtítulos para + personas sordas	2	2	0,43
audio-descripción + personas sordas	1	1	0,21
comunicación oral + personas sordas	1	1	0,21
indefensión + personas sordas	1	1	0,21
integración + personas sordas	2	2	0,43
atender + personas sordas	1	1	0,21
favorecer + personas sordas	1	1	0,21
deficientes visuales + personas sordas	1	1	0,21
discapacidad auditiva + personas sordas	5	5	1,07
problemas auditivos + personas sordas	1	1	0,21
oyentes + personas sordas	1	1	0,21

4.1.5.2. Personas sordas (*El País*)

Esta unidad, pese a tener solamente diez ocurrencias dentro del corpus, presenta múltiples colocaciones (Tabla 28), que podemos incluir en tres campos
semánticos claramente diferenciados: trabajo, comunicación y paradigma
médico-rehabilitador. Estos tres campos semánticos los encontramos en las
colocaciones verbales y en las formadas por una preposición y un sustantivo.
De igual manera, encontramos esta unidad acompañada por otros sustantivos
dentro de nuestro corpus, para formar colocaciones del cuarto de los tipos
delimitados en este trabajo (sustantivo + conjunción + sustantivo), guardando
estos sustantivos relación con nuestro ámbito de estudio. Si atendemos al fac-
tor temporal de las colocaciones, detectamos que estas se sitúan en la primera
mitad de los años que abarca nuestro corpus, siendo las del año 2011 las más
cercanas al año final de nuestro estudio.

Tabla 28. Colocaciones de «personas sordas» en *El País*

Colocación	Ocurrencias	N.º de textos	Frecuencia por millón
intermediación + personas sordas	1	1	0,4
orientación + personas sordas	1	1	0,4
sistema + personas sordas	1	1	0,4
red social + personas sordas	1	1	0,4
ciegas + personas sordas	1	1	0,4
accesible + personas sordas	1	1	0,4
necesidades + personas sordas	1	1	0,4
con otra discapacidad + personas sordas	1	1	0,4
necesitar + personas sordas	1	1	0,4
emplear + personas sordas	1	1	0,4

4.1.6. Personas normales

Esta unidad es la última de las escogidas para analizar que aparece en los dos subcorpus entre las más frecuentes, concretamente tiene 51 ocurrencias (9,67 por millón) en el *ABC* y 23 (9,24 por millón) en *El País*, siendo la tercera más frecuente en este periódico, frente a la sexta posición que ocupa en el *ABC*. Aunque esta unidad, como podemos observar en las colocaciones, no parece demasiado cercana al ámbito de estudio, la discapacidad, hemos decidido incluirla debido al elemento permanente de la comparación dentro de él, puesto que siempre se compara a las personas que tienen alguna discapacidad con aquellas que no la tienen, siendo estas las consideradas «normales».

4.1.6.1. Personas normales (*ABC*)

Dentro de esta unidad encontramos colocaciones alejadas del aspecto de la discapacidad y centradas más en el saber estar de las personas y dar una imagen de tranquilidad y mesura de las «personas normales». Observamos colocaciones de los cuatro tipos que hemos seleccionado para este estudio, siendo la más notable en la que esta unidad aparece acompañada de otro adjetivo que califica a «personas», como se refleja en la Tabla 29. Asimismo, atendiendo a la temporalidad de la unidad, esta está presente a lo largo de todo nuestro corpus. De hecho, hemos obtenido ocurrencias en el primer año (2007) y en el penúltimo (2015), lo que indica una perdurabilidad de la unidad a lo largo del tiempo que comprende nuestro corpus.

Tabla 29. Colocaciones de «personas normales» en *ABC*

Colocación	Ocurrencias	N.º de textos	Frecuencia por millón
corrientes + personas normales	4	4	0,86
aburridas + personas normales	1	1	0,21
equilibradas + personas normales	1	1	0,21
cumplidores + personas normales	1	1	0,21
compañeros + personas normales	1	1	0,21
ser + personas normales	9	9	1,89
considerar + personas normales	1	1	0,21
comportar + personas normales	1	1	0,21

4.1.6.2. Personas normales (*El País*)

Dentro de este periódico observamos que las colocaciones de esta unidad pretenden dar una visión muy positiva de las «personas normales», acompañándola de adjetivos calificativos y verbos que tienen esa connotación, como se muestra en la Tabla 30. Esta unidad está presente a lo largo de prácticamente todo el corpus, desde los primeros años hasta el último tercio del mismo, existiendo resultados del año 2014.

Tabla 30. Colocaciones de «personas normales» en *El País*

Colocación	Ocurrencias	N.º de textos	Frecuencia por millón
corrientes + personas normales	1	1	0,4
legales / decentes + personas normales	1	1	0,4
amables + personas normales	1	1	0,4
calificar + personas normales	1	1	0,4
ser + personas normales	5	5	2,01

4.1.7. Unidades seleccionadas únicamente en *ABC*

En este apartado nos centraremos en las dos unidades, de las ocho seleccionadas, que solamente aparecen en la lista de las más frecuentes en *ABC*. Estas se corresponden con «personas ciegas» y «personas con problemas». En el caso de «personas ciegas», tiene un total de 43 ocurrencias (9,24 por millón) y «personas con problemas» de 21 (4,51 por millón). A continuación, mostraremos los datos de cada una de estas unidades de manera individual.

4.1.7.1. Personas ciegas (*ABC*)

En esta unidad (Tabla 31) podemos encontrar colocaciones en las que aparece acompañada de diferentes maneras de denominar a las personas que tienen alguna dificultad visual, así como otros problemas relacionados con el habla o la escucha. Asimismo, podemos encontrar colocaciones que nos indican la posibilidad que tienen estas personas de disfrutar de actividades como el cine o la lectura, así como de superarse. En cuanto a la temporalidad, esta unidad aparece a lo largo del periodo de tiempo que abarca nuestro corpus, al haber ejemplos del año 2015; no obstante, prácticamente la totalidad de las ocurrencias que tiene esta unidad se encuentran en el primer tercio de nuestro corpus.

Tabla 31. Colocaciones de «personas ciegas» en *ABC*

Colocación	Ocurrencias	N.º de textos	Frecuencia por millón
deficiente visual + personas ciegas	4	4	0,86
deficiencia visual + personas ciegas	2	2	0,43
lectura + personas ciegas	1	1	0,21
sordas + personas ciegas	7	4	1,5
dislexia + personas ciegas	1	1	0,21
disfrutar + personas ciegas	2	1	0,43
depender + personas ciegas	1	1	0,21

4.1.7.2. Personas con problemas (*ABC*)

En esta última unidad relacionada con «personas» que analizaremos de este periódico, observamos que las colocaciones se centran, como queda recogido en la Tabla 32, en uno de los componentes de la unidad, concretamente en la parte de los «problemas», puesto que sirven para catalogarlos y clasificarlos; lo que ofrece una visión de los diversos problemas que pueden existir dentro del ámbito de la discapacidad. En cuanto a la temporalidad de las colocaciones, aunque existe alguna en el último tercio de nuestro corpus (2015), la mayoría de ellas se concentran en el primer tercio de los años que comprenden nuestro corpus (2007–2010).

Tabla 32. Colocaciones de «personas con problemas» en *ABC*

Colocación	Ocurrencias	N.º de textos	Frecuencia por millón
movilidad + personas con problemas	5	4	1,05
zona reservada + personas con problemas	4	1	0,86
visión + personas con problemas	3	3	0,64
desarrollo + personas con problemas	1	1	0,21
auditivo + personas con problemas	1	1	0,21
físico + personas con problemas	1	1	0,21
visual + personas con problemas	1	1	0,21
mental + personas con problemas	1	1	0,21

4.1.8. Unidades seleccionadas únicamente en *El País*

A continuación, en este apartado, al igual que hemos analizado en el anterior las unidades que solamente estaban presentes en el *ABC*, en este haremos lo mismo con las dos que aparecen en *El País* únicamente. Estas dos unidades son las siguientes: «personas con movilidad reducida», con un total de 12 ocurrencias (4,82 por millón), y «personas con síndrome de Down», con siete ocurrencias (2,81 por millón).

4.1.8.1. Personas con movilidad reducida (*El País*)

Las colocaciones de esta unidad, como se recoge en la Tabla 33, se centran en el campo semántico de los desplazamientos (estrechamente relacionados con la movilidad), así como en aspectos centrados en las propias personas con movilidad reducida, como pueden ser la vivienda, la calidad de vida o la accesibilidad a diferentes ámbitos de la sociedad. De igual modo, se muestran en la tabla también ciertas colocaciones que podríamos incluir dentro del ámbito del paradigma médico-rehabilitador, puesto que se señala que estas personas necesitan ayuda e incluso que pueden ser consideras como «casos», lo que induce a pensar en medicina. En cuanto a la presencia de esta unidad a lo largo del corpus, observamos que existen resultados tanto al principio de nuestro corpus, como en el último tercio, siendo estos los más numerosos.

Tabla 33. Colocaciones de «personas con movilidad reducida» en *El País*

Colocación	Ocurrencias	N.º de textos	Frecuencia por millón
vehículos + personas con movilidad reducida	3	3	1,21
desplazamiento + personas con movilidad reducida	1	1	0,4
accesibilidad + personas con movilidad reducida	1	1	0,4
calidad de vida + personas con movilidad reducida	1	1	0,4
casos + personas con movilidad reducida	1	1	0,4
vivienda + personas con movilidad reducida	1	1	0,4
habitar + personas con movilidad reducida	1	1	0,4
ayudar + personas con movilidad reducida	1	1	0,4

4.1.8.2. Personas con síndrome de Down (*El País*)

Las colocaciones de la última unidad que analizaremos en este apartado se centran en lo que estas personas son capaces de hacer, así como el hecho de que tengan la capacidad para ello, como observamos en la Tabla 34, al presentar, por ejemplo, que estas personas sean capaces de llegar a estudiar en la universidad. No obstante, no todo es tan positivo, puesto que las colocaciones sobre trabajo presentan una situación muy precaria en el mercado laboral para estas personas o sobre vivienda, en la que existen centros que les sirvan de refugio o albergue. Con respecto al periodo en el que esta unidad tiene representación en nuestro corpus, hemos observado que está presente en dos años muy distantes entre sí (2007 y 2014), uno al principio de nuestro corpus y otro al final, lo que muestra la perdurabilidad de esta unidad.

Tabla 34. Colocaciones de «personas con síndrome de Down» en *El País*

Colocación	Ocurrencias	N.º de textos	Frecuencia por millón
potencial + personas con síndrome de Down	1	1	0,4
potencialidad + personas con síndrome de Down	1	1	0,4
logro + personas con síndrome de Down	1	1	0,4
universidad + personas con síndrome de Down	1	1	0,4
acoger + personas con síndrome de Down	1	1	0,4

Una vez analizadas las colocaciones de las unidades léxicas compuestas (*N-Grams*) escogidas para nuestro estudio del término «personas» en cada uno de los dos periódicos españoles, tanto aquellas coincidentes en ambos, como las dos diferentes, el siguiente paso es emplear la misma metodología para analizar el término *people*, el más frecuente en los dos periódicos británicos que forman parte de nuestro corpus y equivalente del término en español.

4.2. People

Este término, «people», es el que analizaremos en inglés, debido a que es el más frecuente en los dos periódicos que hemos escogido como fuente de los subcorpus en lengua inglesa de DISCORP-PRESS. En la Tabla 35 se recogen los datos relativos a este término (ocurrencias, número de textos y frecuencia normalizada por millón) en ambos periódicos.

Tabla 35. Ocurrencias y frecuencia por millón de «people» en los periódicos británicos

Periódico	Ocurrencias	N.º de textos	Frecuencia por millón
The Guardian	11 317	2932	2116,7
The Telegraph	4545	1437	1486,94

A continuación, mostramos los resultados extraídos en *The Guardian* en la Tabla 36 y, en la Tabla 37, los resultados de *The Telegraph*. Estos resultados, al igual que en los periódicos españoles, han surgido de buscar en AntConc y Sketch Engine las unidades léxicas compuestas (*N-Grams*), de un máximo de tres palabras, más frecuentes que contengan este término y estén relacionadas con la discapacidad. En las tablas se recogerá la unidad, las ocurrencias y el número de textos en las que aparece, así como la frecuencia normalizada por millón.

Tabla 36. N-Grams más frecuentes en *The Guardian* que contienen «people»

N-Grams	Ocurrencias	N.º de textos	Frecuencia por millón
Disabled people	601	282	112,42
Young people	446	246	83,43
People with disabilities	115	94	21,51
Normal people	83	77	15,53
Elderly people	69	40	12,91
Deaf people	67	50	12,53
Vulnerable people	66	24	12,35
Healthy people	45	36	8,42

Tabla 37. N-Grams más frecuentes de *The Telegraph* que contienen «people»

N-Grams	Ocurrencias	N.º de textos	Frecuencia por millón
Disabled people	211	115	69,03
Older people	70	39	22,9
Vulnerable people	33	23	10,8
People with disabilities	30	29	9,81
Elderly people	30	17	9,81
Healthy people	21	18	6,87
Ill people	13	9	4,25
Deaf people	11	8	3,6

De las ocho unidades seleccionadas de cada uno de los periódicos británicos, seis coinciden, de manera que «young people» y «normal people» aparecen únicamente en *The Guardian* y «older people» e «ill people» en *The Telegraph*. A continuación, siguiendo la misma metodología que hemos empleado en los periódicos españoles, analizaremos las unidades que se repiten en ambos y, en último lugar, aquellas que son únicas de cada uno de los periódicos.

4.2.1. Disabled people

En primer lugar, analizaremos la unidad léxica compuesta más frecuente en ambos periódicos de las ocho escogidas para este estudio. En el caso de *The Guardian*, tiene un total de 601 ocurrencias (112,42 por millón) y de 211 (69,03 por millón) en *The Telegraph*.

4.2.1.1. Disabled people (*The Guardian*)

En esta unidad, dentro del primer tipo de colocaciones (sustantivo + preposición + sustantivo) podemos encontrar de diferentes campos semánticos, desde el empleo y la vivienda hasta la lucha por los derechos y la igualdad de estas personas, sin olvidar tampoco alguno negativo, como es el caso de la discriminación o el hecho de entender que estas personas necesitan ayudan o cuidados especiales, como queda reflejado en lo recogido en la Tabla 38. En cuanto a la temporalidad de las colocaciones de este tipo, detectamos en los ejemplos que está presente a lo largo de los años que comprenden nuestro corpus, especialmente en los años centrales del mismo.

Tabla 38. Colocaciones de sust. + prep. de «disabled people» en *The Guardian*

Colocación	Ocurrencias	N.º de textos	Frecuencia por millón
work + disabled people	3	3	0,56
homes + disabled people	1	1	0,19
rights + disabled people	21	18	3,96
equality + disabled people	9	6	1,68
support + disabled people	13	11	2,43
benefits + disabled people	8	7	1,52
discrimination + disabled people	5	5	0,94
treatment + disabled people	4	4	0,75
care + disabled people	10	8	1,9
help + disabled people	2	2	0,37

En el segundo tipo de colocaciones, aquellas formadas por un adjetivo más la unidad, encontramos ejemplos que sirven para clasificar a estas personas, bien por la edad o por el grado de la discapacidad, así como por el tipo de discapacidad. De igual manera, identificamos algunas de las colocaciones, recogidas en la Tabla 39, como relativas a diferentes paradigmas, como el de la autonomía personal o el médico-rehabilitador. En cuanto a la temporalidad, observamos el mismo fenómeno que en el anterior tipo, puesto que, aunque hay resultados de diversos años, estos se concentran en los años centrales de nuestro corpus.

Tabla 39. Colocaciones de adjetivo de «disabled people» en *The Guardian*

Colocación	Ocurrencias	N.º de textos	Frecuencia por millón
severely + *disabled people*	9	6	1,68
profoundly + *disabled people*	2	2	0,37
older + *disabled people*	2	1	0,37
younger + *disabled people*	4	4	0,75
physically + *disabled people*	4	4	0,75
mentally + *disabled people*	2	2	0,37
independent + *disabled people*	2	1	0,37
vulnerable + *disabled people*	4	4	0,75

El tercer tipo de colocaciones (recogidas en la Tabla 40) que abordaremos de esta unidad son las formadas por un verbo más la unidad, que pueden englobarse en los mismos campos semánticos que las anteriores colocaciones, puesto que encontramos algunas referentes al campo del empleo, así como a las capacidades de estas personas y a que pueden necesitar ayuda o apoyo para ciertos aspectos de su vida. La temporalidad de este tipo de colocaciones es idéntica al resto de tipos de colocaciones que hemos visto de esta unidad léxica.

Tabla 40. Colocaciones verbales de «disabled people» en *The Guardian*

Colocación	Ocurrencias	N.º de textos	Frecuencia por millón
work + *disabled people*	12	12	2,28
face + *disabled people*	7	7	1,31
enable + *disabled people*	3	3	0,56
support + *disabled people*	7	7	1,33
help + *disabled people*	17	14	3,19
stigmatise + *disabled people*	1	1	0,19

El último de los tipos de colocaciones que analizaremos de esta unidad léxica es aquel en el que el término aparece acompañado de otro término; en este caso, observamos, mediante ejemplos recogidos en la Tabla 41, los campos semánticos de la edad, concretamente edad avanzada, y el de las enfermedades u otras discapacidades, así como el de las minorías, siendo este grupo considerado una de ellas. La temporalidad es la misma que en el resto de colocaciones, lo que indica la presencia de este término a lo largo de todo el corpus.

Tabla 41. Colocaciones de sust. + conj. + término de «disabled people» en *The Guardian*

Colocación	Ocurrencias	N.º de textos	Frecuencia por millón
minorities + *disabled people*	3	3	0,56
elderly + *disabled people*	23	21	4,3
older + *disabled people*	12	11	2,09
pensioners + *disabled people*	4	3	0,75
deaf + *disabled people*	9	5	1,68
ill + *disabled people*	7	7	1,31
sick + *disabled people*	6	6	1,12

4.2.1.2. Disabled people (*The Telegraph*)

En esta unidad encontramos colocaciones de los cuatro tipos que hemos escogido para nuestro estudio, siendo las más representadas las formadas por otro sustantivo más preposición y las verbales. En la Tabla 42 encontramos ejemplos de estas dos colocaciones, que podemos encuadrar en diferentes campos semánticos, tanto con connotaciones positivas como negativas. En el caso de los primeros encontramos colocaciones que podemos englobar en campos semánticos como son los derechos y la visibilidad de este colectivo, el empleo o las ganas de hacer frente y superar adversidades. No obstante, dentro del segundo grupo detectamos algunos campos semánticos como, por ejemplo, la violencia o ciertas actitudes hacia estas personas o el hecho de que necesiten ayuda o cuidados e incluso un sitio determinado donde residir, lo que deja entrever una visión médica de la unidad. Asimismo, observamos que las colocaciones de estos tipos en esta unidad tienen una mayor presencia en la segunda mitad de nuestro corpus.

Tabla 42. Colocaciones de «disabled people» en *The Telegraph* (I)

Colocación	Ocurrencias	N.º de textos	Frecuencia por millón
rights + disabled people	3	3	0,98
visibility + disabled people	1	1	0,33
lives + disabled people	7	5	2,31
attitudes + disabled people	9	4	2,94
crime + disabled people	2	2	0,66
help + disabled people	1	1	0,33
home + disabled people	1	1	0,33
support + disabled people	8	7	2,64
work + disabled people	5	4	1,64
help + disabled people	7	5	2,31
care + disabled people	3	3	0,98
want + disabled people	2	2	0,65
face + disabled people	4	4	1,31

En la siguiente tabla (Tabla 43) recogemos las colocaciones de los otros dos tipos, aquellas formadas por un adjetivo más un sustantivo y en las que el término aparece acompañado de una conjunción y otro sustantivo. Dentro de estos dos tipos de colocaciones, podemos encuadrar tres de ellas dentro del campo semántico de la edad, que asocian, principalmente, la discapacidad con una avanzada edad. De igual manera, encontramos otras colocaciones que nos sirven para catalogar y clasificar a las personas con discapacidad, así como para relacionarlas con otras discapacidades, como, por ejemplo, la sordera. En cuanto a la temporalidad, sucede lo mismo que en los anteriores tipos de colocaciones, puesto que observamos que se concentran en la segunda mitad de los años que comprenden nuestro corpus.

Tabla 43. Colocaciones de «disabled people» en *The Telegraph* (II)

Colocación	Ocurrencias	N.º de textos	Frecuencia por millón
young + disabled people	2	2	0,65
severely + disabled people	2	2	0,65
elderly + disabled people	10	10	3,27
older + disabled people	4	3	1,31
deaf + disabled people	1	1	0,33

4.2.2. People with disabilities

Al igual que sucedía en los términos en español, entre las unidades léxicas compuestas seleccionadas en inglés se encuentran algunas que han sido recomendadas por las asociaciones y otras que no lo son; en este caso, la segunda unidad que analizaremos pertenece al primer grupo, al contrario que la unidad anterior, cuyo uso no está recomendado. Esta unidad es la tercera más frecuente entre las seleccionadas del periódico *The Guardian*, con un total de 115 ocurrencias (21,51 por millón), y de 30 (9,81 por millón) en el caso de *The Telegraph*.

4.2.2.1. People with disabilities (*The Guardian*)

Como hemos mencionado, esta unidad está recomendada por las diferentes asociaciones al no considerarla discriminatoria para estas personas y presenta las mismas colocaciones que la que no está aceptada. Observamos colocaciones (recogidas en la Tabla 44) relacionadas con la edad, el trabajo y las capacidades de estas personas, así como algunas no tan positivas relativas al cuidado, la discriminación que sufren y a la ayuda que necesitan. En cuanto a la temporalidad de esta unidad, esta unidad está presente a lo largo de nuestro corpus, puesto que existen resultados tanto del primer como del último año.

Tabla 44. Colocaciones de «people with disabilities» en *The Guardian*

Colocación	Ocurrencias	N.º de textos	Frecuencia por millón
capabilities / potential + *people with disabilities*	2	2	0,37
discrmination + *people with disabilities*	2	2	0,37
care + *people with disabilities*	1	1	0,19
older + *people with disabilities*	2	2	0,37
young + *people with disabilities*	2	2	0,37
help + *people with disabilities*	6	4	1,12
treat + *people with disabilities*	2	1	0,37
stereotype + *people with disabilities*	1	1	0,19
employ + *people with disabilities*	1	1	0,19
minorities + *people with disabilities*	4	4	0,75

4.2.2.2. People with disabilities (*The Telegraph*)

Dentro de esta unidad, al igual que en el caso de la unidad no recomendada por las asociaciones, detectamos colocaciones de los cuatro tipos y que hemos sintetizado en la Tabla 45. Estas colocaciones, además de por su tipo, las podemos englobar en diferentes campos semánticos, a saber, la edad, la salud y las necesidades, así como los intereses y capacidades de estas personas. En cuanto a la presencia de esta unidad a lo largo del corpus, se concentran sus ocurrencias a partir del segundo tercio de nuestro corpus.

Tabla 45. Colocaciones de «people with disabilities» en *The Telegraph*

Colocación	Ocurrencias	N.º de textos	Frecuencia por millón
health conditions + *people with disabilities*	2	2	0,65
young + *people with disabilities*	3	3	0,98
opportunities + *people with disabilities*	1	1	0,33
adapt + *people with disabilities*	1	1	0,33
allow + *people with disabilities*	1	1	0,33
help + *people with disabilities*	3	3	0,98
rights+ *people with disabilities*	1	1	0,33
interest + *people with disabilities*	2	2	0,65

4.2.3. Elderly people

Esta tercera unidad que analizaremos y que aparece entre las seleccionadas como más frecuentes de ambos periódicos tiene un total de 69 ocurrencias (12,91 por millón) en *The Guardian*, siendo la quinta más frecuente, y de 30 (9,81 por millón) en *The Telegraph*, ocupando también la quinta posición entre las seleccionadas para este análisis.

4.2.3.1. Elderly people (*The Guardian*)

Dentro de esta unidad encontramos en las colocaciones un claro componente de preocupación por las personas de cierta edad, puesto que podemos encuadrar los resultados en diferentes campos semánticos como son los cuidados y servicios que se prestan a estas personas, así como la salud y las enfermedades o la situación en la que se encuentran o dónde pueden residir. Con respecto a la presencia de esta unidad en nuestro corpus, recogida en la Tabla 46, observamos que está presente en un largo periodo de tiempo, sobre todo en los años centrales que abarca nuestro corpus, con resultados comprendidos entre los años 2009, como el más «antiguo», y el 2014, como el más «reciente».

Tabla 46. Colocaciones de «elderly people» en *The Guardian*

Colocación	Ocurrencias	N.º de textos	Frecuencia por millón
treatment + *elderly people*	3	2	0,56
mistreatment + *elderly people*	1	1	0,19
care + *elderly people*	7	7	1,31
home + *elderly people*	1	1	0,19
services + *elderly people*	4	2	0,75
healthcare + *elderly people*	1	1	0,19
protection + *elderly people*	1	1	0,19
abuse + *elderly people*	1	1	0,19
isolated + *elderly people*	2	2	0,37
help + *elderly people*	1	1	0,19
sick + *elderly people*	2	2	0,37
disabled + *elderly people*	5	5	0,94

4.2.3.2. Elderly people (*The Telegraph*)

Las colocaciones de esta unidad las podemos incluir en dos campos semánticos principales, como sería el del cuidado de estas personas y la salud, por un lado, y, por otro, las necesidades y deseos que presentan. No obstante, nos muestran una perspectiva no demasiado positiva de las personas con cierta edad, por ejemplo, debido a las connotaciones que algunos adjetivos aportan a la unidad, como queda reflejado en los resultados que se muestran en la Tabla 47. Hemos detectado que los resultados de esta unidad tienen una mayor presencia en la segunda mitad de los años que comprenden nuestro corpus, siendo la mayoría de ellos del año 2011 o posterior.

Tabla 47. Colocaciones de «elderly people» en *The Telegraph*

Colocación	Ocurrencias	N.º de textos	Frecuencia por millón
care + *elderly people*	3	2	0,98
homes + *elderly people*	2	1	0,65
needs + *elderly people*	1	1	0,33
wills + *elderly people*	1	1	0,33
mentally ill + *elderly people*	1	1	0,33
allow + *elderly people*	1	1	0,33
suffer + *elderly people*	3	2	0,98
frail + *elderly people*	3	2	0,98
force + *elderly people*	7	2	2,29
vulnerable + *elderly people*	10	3	3,3
disabled + *elderly people*	2	2	0,65

4.2.4. Deaf people

Esta unidad, la cuarta en común en ambos periódicos británicos que analizamos en este capítulo, ocupa la sexta posición entre las más frecuentes de *The Guardian* con un total de 67 ocurrencias (12,53 por millón) y la octava y última posición con un total de 11 ocurrencias (3,6 por millón) en *The Telegraph*.

4.2.4.1. Deaf people (*The Guardian*)

Las colocaciones que encontramos con esta unidad se pueden encuadrar en diferentes campos semánticos, como son el dinero, la comunicación y el acceso que tienen estas personas a ella, así como la audición, de acuerdo con los resultados que se muestran en la Tabla 48. Esta unidad observamos que se centra en dos años principalmente (2008 y 2013), aunque también existen resultados de los años posteriores a ellos.

Tabla 48. Colocaciones de «deaf people» de *The Guardian*

Colocación	Ocurrencias	N.º de textos	Frecuencia por millón
hard-of-hearing + *deaf people*	1	1	0,19
greedy + *deaf people*	1	1	0,19
money-conscious + *deaf people*	1	1	0,19
programme + *deaf people*	2	2	0,37
social work + *deaf people*	1	1	0,19
inaccessible + *deaf people*	1	1	0,19
enable + *deaf people*	2	1	0,37
exclude + *deaf people*	1	1	0,19
support + *deaf people*	1	1	0,19
aid + *deaf people*	1	1	0,19

4.2.4.2. Deaf people (*The Telegraph*)

Debido a que esta unidad no tiene un gran número de ocurrencias en este periódico solo hemos considerado relevante incluir colocaciones de dos de los tipos que estamos estudiando en este trabajo, concretamente las formadas por otro sustantivo y preposición y las colocaciones verbales. Podemos encuadrarlas dentro de dos campos semánticos principales que serían la salud y el trabajo, así como su situación en la sociedad, según lo recogido en la Tabla 49. Asimismo, en cuanto a la temporalidad, esta unidad está presente principalmente en el último tercio del corpus, aunque hemos detectado resultados también del segundo tercio, concretamente del año 2011.

Tabla 49. Colocaciones de «deaf people» de *The Telegraph*

Colocación	Ocurrencias	N.º de textos	Frecuencia por millón
condition + *deaf people*	2	2	0,65
group + *deaf people*	2	2	0,65
life + *deaf people*	1	1	0,33
services + *deaf people*	1	1	0,33
work + *deaf people*	2	1	0,65
refuse + *deaf people*	1	1	0,33
help + *deaf people*	1	1	0,33
reach + *deaf people*	1	1	0,33

4.2.5. Vulnerable people

La penúltima de las unidades léxicas que se repiten en ambos periódicos ocupa la séptima posición entre las escogidas del periódico *The Guardian* con un total de 66 ocurrencias (12,35 por millón), mientras que, por el otro lado, es la tercera más frecuente entre las de *The Telegraph* con 33 ocurrencias (10,8 por millón).

4.2.5.1. Vulnerable people (*The Guardian*)

En la Tabla 50 se recogen las colocaciones de esta unidad, las cuales podemos encuadrar en dos campos semánticos principalmente: los relativos a la salud y a las libertades de estas personas. En cuanto a la temporalidad de esta unidad, el resultado más «reciente» es de 2013, lo que indica una mayor presencia de esta unidad en los primeros años que comprende nuestro corpus, teniendo incluso resultados fechados en el año de comienzo de nuestro corpus (2007).

Tabla 50. Colocaciones de «vulnerable people» en *The Guardian*

Colocación	Ocurrencias	N.º de textos	Frecuencia por millón
support + *vulnerable people*	2	2	0,37
carers + *vulnerable people*	2	1	0,37
liberty + *vulnerable people*	1	1	0,19
harmful + *vulnerable people*	1	1	0,19
harm + *vulnerable people*	3	2	0,56
look after + *vulnerable people*	3	2	0,56
deal with + *vulnerable people*	3	3	0,56
protect + *vulnerable people*	1	1	0,19

4.2.5.2. Vulnerable people (*The Telegraph*)

Las colocaciones de esta unidad, recogidas en la Tabla 51, pertenecen a tres de los cuatro tipos que estamos observando en este trabajo, únicamente no hemos considerado incluir en esta unidad aquellas formadas por un adjetivo al no encontrarlas relacionadas o relevantes con el campo de estudio. Aquellas que hemos recogido en la tabla podemos encuadrarlas en dos grandes campos semánticos que serían, por un lado, la salud y, por otro, la protección y necesidades de estas personas. Esta unidad está presente en la segunda mitad del corpus, aunque la mayoría de sus resultados se ubican en el último tercio, concretamente a partir de 2013; sin embargo, también tiene una gran presencia en el año 2012.

Tabla 51. Colocaciones de «vulnerable people» en *The Telegraph*

Colocación	Ocurrencias	N.º de textos	Frecuencia por millón
elderly + *vulnerable people*	3	3	0,98
disadvantaged + *vulnerable people*	1	1	0,33
discriminate + *vulnerable people*	1	1	0,33
needy + *vulnerable people*	1	1	0,33
frail + *vulnerable people*	1	1	0,33
protection + *vulnerable people*	1	1	0,33
protect + *vulnerable people*	1	1	0,33
deal with + *vulnerable people*	1	1	0,33
be aware of + *vulnerable people*	1	1	0,33

4.2.6. Healthy people

La última unidad que analizaremos de aquellas que aparecen en ambos periódicos tiene un total de 45 ocurrencias (8,42 por millón) en el caso de *The Guardian*, ocupando el último puesto entre las ocho más frecuentes seleccionadas, y de 21 (6,87 por millón) en *The Telegraph*, donde ocupa la sexta posición.

4.2.6.1. Healthy people (*The Guardian*)

De esta unidad, pese al número de ocurrencias que tiene en este periódico, no hemos encontrado muchas colocaciones que sean reseñables o que estén relacionadas con el ámbito de nuestro interés. Aquellas que se recogen en la Tabla 52 se podrían englobar dentro del campo semántico de la salud, que busca el bienestar de las personas incluidas dentro de este colectivo. En cuanto a la temporalidad de esta unidad, observamos que está presente en muchos de los años que comprenden nuestro corpus, lo que indica su perdurabilidad en el tiempo, aunque de manera residual, puesto que salvo del año 2007, del resto de años solamente hay una ocurrencia.

Tabla 52. Colocaciones de «healthy people» en *The Guardian*

Colocación	Ocurrencias	N.º de textos	Frecuencia por millón
risk + *healthy people*	2	1	0,37
benefit + *healthy people*	1	1	0,19
protect + *healthy people*	1	1	0,19
behave + *healthy people*	1	1	0,19
prescribe + *healthy people*	1	1	0,19
reward + *healthy people*	2	1	0,37

4.2.6.2. Healthy people (*The Telegraph*)

En la Tabla 53 se recogen las colocaciones de esta unidad, que se engloban dentro del campo semántico de la salud, desde diferentes perspectivas, puesto que nos la presenta desde el punto de vista de la muerte, pero también desde la protección y el consejo. Observamos que, pese a no tener demasiadas ocurrencias, estas se encuentran repartidas a lo largo de varios años en nuestro corpus, sobre todo en los años centrales del mismo.

Tabla 53. Colocaciones de «healthy people» en *The Telegraph*

Colocación	Ocurrencias	N.º de textos	Frecuencia por millón
kill + *healthy people*	1	1	0,33
should be + *healthy people*	3	3	0,98
vaccinate + *healthy people*	1	1	0,33
protect + *healthy people*	1	1	0,33

4.2.7. Unidades seleccionadas solamente en *The Guardian*

En este apartado analizaremos las dos unidades, de las ocho seleccionadas dentro de este periódico, que únicamente aparecen en el listado de *The Guardian*, «young people», con un total de 446 ocurrencias (83,43 por millón), y «normal people» con un total de 83 (15,53 por millón). A continuación, mostraremos el análisis de cada una estas unidades.

4.2.7.1. Young people (*The Guardian*)

Dentro de esta unidad léxica encontramos colocaciones de los cuatro tipos, de las que se muestran ejemplos en la Tabla 54. Estas podemos clasificarlas de acuerdo con el campo semántico en la que se encuadrarían, como puede ser el de la situación en la sociedad, donde encontramos colocaciones que califican o clasifican a estas personas, no siempre de una manera positiva; el de la discapacidad, puesto que existen colocaciones que muestran a este colectivo dentro de ese ámbito y su relación con el mismo; y, por último, el de los deseos o las aspiraciones que este colectivo puede llegar a tener. En cuanto a la temporalidad de esta unidad, podemos observar que, debido al número elevado de ocurrencias, está presente a lo largo de todo el corpus; de igual forma, detectamos cómo algunas colocaciones de este término sufren variaciones con el paso de los años, como es el caso de «disabilities» y «difficulties», que se utilizan con el mismo sentido, pero con una gran diferencia de años entre ellas.

Tabla 54. Colocaciones de «young people» en *The Guardian*

Colocación	Ocurrencias	N.º de textos	Frecuencia por millón
disadvantaged + *young people*	7	6	1,33
jobless + *young people*	4	3	0,75
vulnerable + *young people*	6	6	1,14
abandoned + *young people*	4	2	0,75
disabled + *young people*	7	7	1,33
homeless + *young people*	2	1	0,37
talented + *young people*	2	2	0,37
learning disabilities + *young people*	6	5	1,14
learning disabilities + *young people*	4	4	0,75
autism + *young people*	7	5	1,33
support + *young people*	10	8	1,9
opportunities + *young people*	2	2	0,37
needs (with) + *young people*	5	5	0,94
needs (of) + *young people*	1	1	0,19
mental disabilities + *young people*	1	1	0,19
mental difficulties + *young people*	1	1	0,19
help + *young people*	19	16	3,61
abuse + *young people*	2	2	0,37
achieve + *young people*	4	4	0,75
want + *young people*	2	2	0,37
face + *young people*	2	2	0,37

4.2.7.2. Normal people (*The Guardian*)

Pese al número de ocurrencias que esta unidad presenta en este periódico, las colocaciones que consideramos relevantes no son demasiadas y están todas relacionadas con el habla y la comunicación, como se muestra en los resultados recogidos en la Tabla 55. Con respecto a la presencia de esta unidad a lo largo del corpus, hemos comprobado que presenta sus resultados en la segunda mitad del corpus, es decir, del año 2011 en adelante.

Tabla 55. Colocaciones de «normal people» en *The Guardian*

Colocación	Ocurrencias	N.º de textos	Frecuencia por millón
language + *normal people*	3	2	0,56
care + *normal people*	3	3	0,56
say + *normal people*	3	3	0,56
think + *normal people*	4	3	0,75

4.2.8. Unidades seleccionadas solamente en *The Telegraph*

Al igual que en el apartado anterior, en este analizaremos aquellas unidades que solamente están recogidas entre las más frecuentes del periódico *The Telegraph*, «older people» con un total de 70 ocurrencias (22,9 por millón), que es la segunda más frecuente de la muestra, e «ill people», en séptima posición entre las seleccionadas de este periódico, con un total de 13 ocurrencias (4,25 por millón).

4.2.8.1. Older people (*The Telegraph*)

Dentro de esta unidad encontramos colocaciones muy similares a las que hemos recogido en el apartado 4.2.3. al indicar las más reseñables de otra de las unidades estudiadas en este trabajo, «elderly people». Las colocaciones de esta unidad, recogidas en la Tabla 56, las podemos englobar en diferentes campos semánticos como son la salud, la vivienda y la situación en la sociedad de estas personas. Pese a que existen resultados de los años 2014 y 2015, la presencia de esta unidad se concentra en los años centrales de nuestro corpus (2010–2012).

Tabla 56. Colocaciones de «older people» en *The Telegraph*

Colocación	Ocurrencias	N.º de textos	Frecuencia por millón
frail + *older people*	2	2	0,65
dignity + *older people*	4	3	1,31
vulnerable + *older people*	2	2	0,65
struggle + *older people*	1	1	0,33
treatment + *older people*	2	1	0,65
housing + *older people*	2	2	0,65
care + *older people*	2	2	0,65
need + *older people*	3	3	0,98
needs + *older people*	1	1	0,33
disabilities + *older people*	3	3	0,98
help + *older people*	2	2	0,65
disabled + *older people*	3	3	0,98

4.2.8.2. Ill people (*The Telegraph*)

En esta última unidad, cuyos resultados se describen en la Tabla 57, encontramos que las colocaciones podemos englobarlas todas en el campo semántico de la salud, bien sea para catalogar a las personas de este colectivo, tanto en la gravedad como en el tipo de enfermedad, bien para saber qué hacer con estas personas (tratarlas, cuidarlas o asistirlas). En cuanto a la temporalidad, esta unidad presenta unos resultados que indican que su uso comienza a partir del segundo tercio de nuestro corpus, de 2010 en adelante, teniendo ejemplos de su uso incluso en los años finales de nuestro corpus, concretamente en 2015.

Tabla 57. Colocaciones de «ill people» en *The Telegraph*

Colocación	Ocurrencias	N.º de textos	Frecuencia por millón
terminally + *ill people*	4	3	1,31
help + *ill people*	1	1	0,33
mentally + *ill people*	9	6	2,94
treat + *ill people*	3	1	0,98
assist + *ill people*	1	1	0,33
care + *ill people*	1	1	0,33

4.3. Comparativa de resultados

En este apartado compararemos los resultados recogidos en los anteriores apartados desde tres perspectivas diferentes, dos de ellas tendrán como componente un único idioma, puesto que compararemos entre sí los periódicos de cada una de las lenguas involucradas en este estudio, y la tercera será un contraste entre ambas lenguas. Asimismo, estas comparaciones atenderán a cuatro aspectos: 1) las unidades léxicas seleccionadas para el análisis de cada uno de los dos términos; 2) las colocaciones de dichas unidades; 3) los campos semánticos de las colocaciones y, por último, 4) la temporalidad.

4.3.1. Atendiendo a las unidades léxicas seleccionadas

En este apartado procederemos a comentar y comparar los cuatro periódicos que forman parte de DISCORP-PRESS atendiendo al primero de los aspectos mencionados previamente: las unidades léxicas seleccionadas en cada uno de ellos. Con el fin de mostrar los resultados de la forma más visual posible, se ha optado por incluir gráficos que recojan los datos de los diferentes periódicos.

En el caso de los dos periódicos españoles, *ABC* y *El País*, observamos, como se muestra en la Figura 16, que la primera diferencia, tal como hemos recogido previamente en el inicio del capítulo y hemos analizado a lo largo del mismo, se encuentra en las propias unidades léxicas seleccionadas, es decir, de las unidades seleccionadas, el 60 % son unidades léxicas comunes (ULC) en ambos periódicos y el 40 % unidades léxicas diferentes (ULD), correspondientes a aquellas que se recogen solamente en uno de los periódicos.

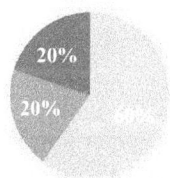

ULC y ULD en los periódicos españoles

- Unidades léxicas comunes (ULC)
- Unidades léxicas diferentes (ULD) en El País
- Unidades léxicas diferentes (ULD) en ABC

Figura 16. Gráfico que representa las ULC y ULD en los periódicos españoles

No solamente existe una diferencia en las unidades léxicas (UL) que se han seleccionado, como se recoge en el gráfico anterior, sino también en el uso recomendado por parte de las asociaciones que hemos tomado como punto de partida para la búsqueda de los textos que forman parte de nuestro corpus.

ULC recomendadas y no recomendadas en los
periódicos españoles

■ ULC recomendadas   ■ ULC no recomendadas

Figura 17. Gráfico que representa las ULC recomendadas y no recomendadas en los periódicos españoles

Como se muestra en la Figura 17, de las unidades léxicas seleccionadas que aparecen tanto en *El País* como en el *ABC* (recogidas en el gráfico como ULC, unidades léxicas comunes), observamos que el 50 % de ellas no están recomendadas («personas dependientes», «personas discapacitadas» y «personas normales»), mientras que el otro 50 % sí que lo está («personas con discapacidad», «personas mayores» y «personas sordas»).

En cuanto a aquellas que solamente aparecen recogidas en un periódico, denominadas ULD (unidades léxicas diferentes), detectamos que las de *El País* sí que estarían aceptadas («personas con movilidad reducida» y «personas con síndrome de Down»), mientras que en el *ABC* encontramos que una no tendría uso recomendado («personas con problemas») y otra sí («personas ciegas»), como se muestra en la Figura 18.

Al estudiar los tres gráficos de los periódicos españoles observamos que más de la mitad de las unidades seleccionadas en *El País* (5 de 8, es decir el 62,5 %) sí que cuentan con el uso recomendado, siendo ese porcentaje menor en el *ABC*, puesto que solamente cuatro de las ocho (un 50 % de las unidades léxicas seleccionadas) están recomendadas por las asociaciones.

Si atendemos a los periódicos británicos, detectamos que, al igual que los periódicos españoles, también presentan una serie de unidades léxicas comunes (UCD), concretamente el 60 %, y otras que se recogen únicamente en uno de los dos periódicos, en este caso, el 40 % restante; como se puede observar en la Figura 19.

ULD recomendadas y no recomendadas en los periódicos españoles

- ULD recomendadas en El País
- ULD recomendadas en el ABC
- ULD no recomendadas en el ABC

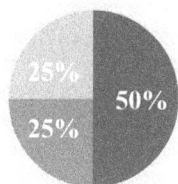

Figura 18. Gráfico que representa las ULD recomendadas y no recomendadas en los periódicos españoles

ULC y ULD en los periódicos británicos

- Unidades léxicas comunes (ULC)
- Unidaes léxicas diferentes (ULD) en The Guardian
- Unidaes léxicas diferentes (ULD) en The Telegraph

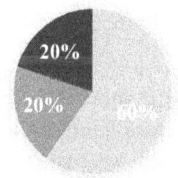

Figura 19. Gráfico que representa las ULC y ULD en los periódicos británicos

Dentro de las unidades que ambos comparten, como se recoge en la Figura 20, en la que hemos utilizado la misma denominación que en los gráficos anteriores, encontramos que solamente el 33 % de ellas tienen el uso aceptado por parte de las asociaciones («people with disabilities» y «elderly people»), mientras que el 66 % no estarían recomendadas («disabled people», «deaf people», «vulnerable people» y «healthy people»).

ULC recomendadas y no recomendadas en los
periódicos británicos

ULC recomendadas   ULC no recomendadas

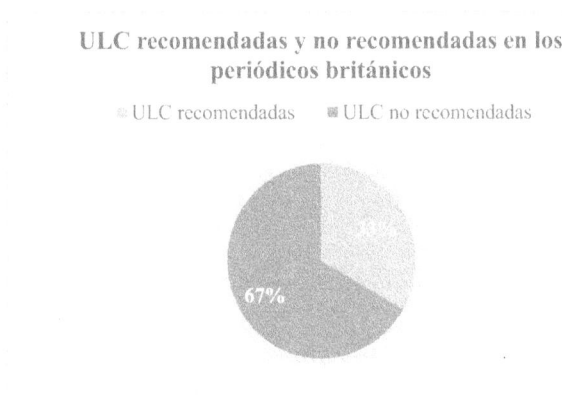

Figura 20. Gráfico que representa las ULC recomendadas y no recomendadas en los periódicos británicos

De igual manera, entre las que aparecen recogidas solamente en uno de los dos periódicos, observamos, como se recoge en la Figura 21, que se produce el mismo fenómeno en ambos, puesto que encontramos el mismo porcentaje de ellas recomendadas y no recomendadas. En el caso de *The Guardian* la unidad aceptada sería «young people» y «normal people» sería la que se encontraría en la otra tesitura, al no estar su uso aceptado; asimismo, encontraríamos como aceptada «older people» y como rechazada «ill people» en el otro periódico británico, *The Telegraph*.

Teniendo en cuenta los datos recogidos en los gráficos anteriores, tanto *The Guardian* como *The Telegraph* se comportan de forma idéntica, es decir, ambos periódicos tienen el mismo porcentaje de unidades léxicas que tienen su uso aceptado por parte de las asociaciones, como de aquellas que no lo tienen, lo que significa que cada grupo de unidades léxicas representa el 50 % de los resultados.

ULD recomendadas y no recomendadas en los
periódicos británicos

- ULD recomendadas en The Telegraph
- ULD no recomendadas en The Telegraph
- ULD recomendadas en The Gurdian
- ULD no recomendadas en The Gurdian

Figura 21. Gráfico que representa las ULD recomendadas y no recomendadas en los periódicos británicos

Si comparamos ambas lenguas, recogidos los datos de la síntesis de las dos comparaciones previas en ambas lenguas, se ofrecen, en la Tabla 58, las unidades seleccionadas en este trabajo, señalando en negrita aquellas que no están aceptadas por las diferentes asociaciones que hemos utilizado como referencia en este trabajo. Asimismo, en cada unidad léxica se indica el periódico en el que aparece y el orden, por frecuencia, que ocupa entre las unidades seleccionadas en dicho periódico.

Tabla 58. Unidades léxicas seleccionadas clasificadas según su aceptación por parte de las asociaciones consultadas

UNIDADES LÉXICAS SELECCIONADAS		
Unidades léxicas equivalentes en ambas lenguas	personas con discapacidad (*ABC* y *El País*, 1)	*people with disabilities (The Guardian, 3, y The Telegraph, 4)*
	personas discapacitadas (*ABC*, 4, y *El País*, 6)	***disabled people (The Telegraph y The Guardian, 1)***
	personas mayores (*ABC*, 3, y *El País*, 4)	*elderly people (The Guardian y The Telegraph, 5)* *older people (The Telegraph, 2)*
	personas sordas (*ABC*, 5, y *El País*, 7)	***deaf people (The Guardian, 6, y The Telegraph, 8)***
	personas normales (*ABC*, 6, y *El País*, 3)	***normal people (The Guardian, 4)*** ***healthy people (The Guardian, 8, y The Telegraph, 6)***

(*fortgeführt*)

Tabla 58. Fortsetzung

UNIDADES LÉXICAS SELECCIONADAS	
	personas dependientes (*ABC* y *El País*, 2)
	personas ciegas (*ABC*, 7)
Unidades léxicas que no tienen equivalente en la otra lengua	**personas con problemas (*ABC*, 8)**
	personas con movilidad reducida (*El País*, 5)
	personas con síndrome de Down (*El País*, 8)
	vulnerable people (*The Guardian*, 7, y *The Telegraph*, 3)
	young people (*The Guardian*, 2)
	***ill people* (*The Telegraph*, 7)**

En los datos de la tabla precedente, se observa que ambas lenguas presentan unidades cuyo uso no está recomendado por las asociaciones, siendo este fenómeno más significativo en la lengua inglesa, puesto que más de la mitad de las diez unidades totales (tanto aquellas que se encuentran en ambos periódicos, como las que solamente aparecen en uno de los dos) se pueden encuadrar en ese grupo, en concreto, seis de las diez (que supone un 60 %), frente a las cuatro que encontraríamos entre las seleccionadas en lengua española (lo que supone únicamente un 40 % de unidades no recomendadas, en contraposición al 60 % de aceptadas).

De igual manera, si estudiamos en detalle las unidades seleccionadas observamos que podemos encontrar que algunas de ellas son equivalentes en ambas lenguas, mientras que existen otras que solamente se encuentran recogidas en una de las lenguas del trabajo. Dentro del primer grupo se encuadrarían las siguientes unidades: «personas con discapacidad»/«people with disabilities»; «personas discapacitadas»/«disabled people»; «personas mayores»/«elderly people» y «older people»; «personas normales»/«normal people»; y «personas sordas»/«deaf people», que se comportarían de igual manera en ambas lenguas, es decir, que su uso estaría aceptado o rechazado por las asociaciones, siendo la pareja «personas sordas»/«deaf people» la única con un comportamiento diferente en cada lengua, al estar aceptada en lengua española y no recomendada en la inglesa.

Observamos de igual manera que todas las unidades léxicas que hacen referencia a la edad («personas mayores», «elderly people», «older people» y «young people») tanto en lengua inglesa como en lengua española, tienen su uso aceptado por las asociaciones, siendo un fenómeno más relevante en la inglesa, puesto que estas unidades suponen el 30 % del total de unidades recogidas en esta lengua, mientras que en la lengua española solamente implica el 10 % de las mismas. Aquellas que se relacionan con un sentido («personas ciegas» y los equivalentes mencionados previamente, «personas sordas»/«deaf people») tienen su uso aceptado solamente en una sola lengua, en este caso, la española.

Asimismo, aquellas unidades que hacen referencia a la normalidad o a la consideración de una persona sana frente a una que tiene una discapacidad («personas normales», «normal people» y «healthy people») se caracterizan por el uso no recomendado en ambas lenguas. Por último, también se detecta que aquellas unidades que hacen referencia a una enfermedad, problema o simplemente a una posición inferior de estas personas («personas con problemas», «personas dependientes», «vulnerable people» e «ill people») tienen, al igual que las anteriores, el uso no aceptado por las diferentes asociaciones en ambas lenguas.

4.3.2. Atendiendo a las colocaciones de las unidades léxicas

En este trabajo hemos seleccionado para nuestro análisis cuatro tipos diferentes de colocaciones: 1) sustantivo + preposición + término; 2) término + adjetivo; 3) verbo + término; y 4) sustantivo + conjunción + término. En el caso de los periódicos españoles observamos que en las unidades léxicas seleccionadas no aparecen todos los tipos de colocaciones, únicamente en el caso de «personas con discapacidad» (en ambos periódicos), «personas dependientes», «personas mayores» y «personas normales», todas ellas en *ABC*; debido, principalmente, al mayor número de palabras y, por tanto, de ocurrencias que presenta este subcorpus.

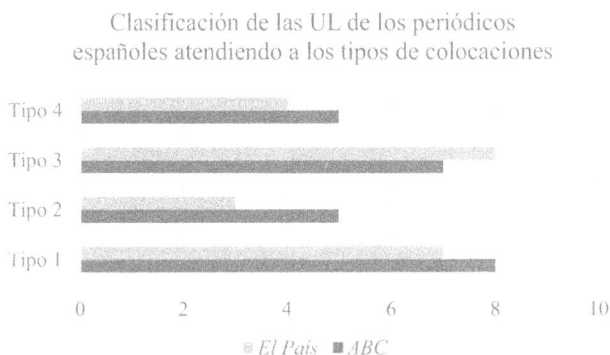

Figura 22. Gráfico que representa la clasificación de las UL en los periódicos españoles atendiendo a los tipos de colocaciones

En los datos que se recogen en el gráfico anterior (Figura 22), detectamos que el tipo de colocaciones que más se repite en las unidades, en el caso del *ABC*, es el tipo 1 (sustantivo + preposición + término), que aparece en todas las colocaciones, seguida del tipo 3 (verbo + término), con resultados en siete de las ocho (que supone el 87,5 %), mientras que los otros dos tipos aparecen solamente en el 62,5 % de las unidades (5/8), existiendo además la situación de que, de una de las unidades, «personas discapacitadas», únicamente se han recogido colocaciones de los tipos 1 y 3. En cambio, en *El País* el tipo más habitual de colocación es la formada por un verbo más el término (tipo 3), puesto que aparece recogido en todas las unidades seleccionadas en el análisis, seguido de las de tipo 1, con una presencia en siete de las ocho; es decir, se produce un intercambio entre las dos más frecuentes en ambos periódicos españoles. De igual manera, en este periódico las colocaciones de los tipos 2 y 4 son las menos frecuentes; no obstante, la diferencia presente entre los tipos más habituales respecto a los que están menos representados en el análisis es más amplia que en el *ABC*, puesto que las del tipo 2 aparecen únicamente en el 37,5 % (3/8) de las unidades de *El País* y las del tipo 4 en cuatro de las ocho que se han seleccionado de este periódico (que supone el 50 %). Sin embargo, encontramos el caso de la unidad «personas normales», en la que se recogen colocaciones de estos dos tipos minoritarios y no del tipo 1, siendo la única en la que no aparece.

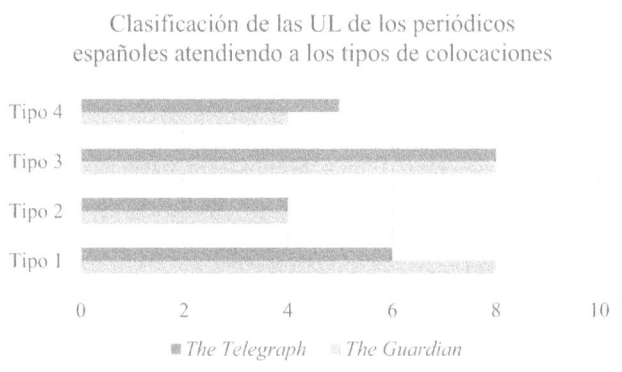

Figura 23. Gráfico que representa la clasificación de las UL en los periódicos británicos atendiendo a los tipos de colocaciones

En el caso de los periódicos británicos, observamos que las unidades «disabled people», «people with disabilities» y «elderly people», tanto en *The*

Guardian y *The Telegraph*, y «young people» únicamente en *The Guardian*, presentan colocaciones de los cuatro tipos que hemos seleccionado. Como se muestra en el gráfico (Figura 23), si observamos en detalle cada uno de los periódicos, en *The Guardian* las colocaciones más habituales son las de los tipos 1 y 3, presentes en todas las unidades analizadas (8/8), habiendo tres de las unidades («healthy people», «deaf people» y «normal people») en las que solamente se recogen de estos tipos de colocaciones. En el caso de los otros dos tipos de colocaciones, el 2 y el 4, aparecen en el 50 % de las unidades de este periódico (4/8). Al analizar los diferentes tipos de colocaciones de las unidades léxicas de *The Telegraph*, el más frecuente, con una presencia del 100 % (8/8), es el tipo 3, dándose un caso único en los cuatro periódicos en la unidad «healthy people», debido a que solo se recogen ejemplos correspondientes a este tipo. El siguiente tipo más frecuente es el tipo 1, con una presencia en el 75 % de las unidades (6/8), no apareciendo en la unidad mencionada anteriormente y en «ill people», una de las dos unidades recogidas solamente en *The Telegraph*. Con respecto a los dos tipos menos frecuentes, el 2 (término + adjetivo) y el 4 (sustantivo + conjunción + término), estos aparecen en el 50 % (4/8) y el 62,5 % (5/8) de las unidades, respectivamente, lo que indica una mayor presencia del último tipo en comparación con *The Guardian*.

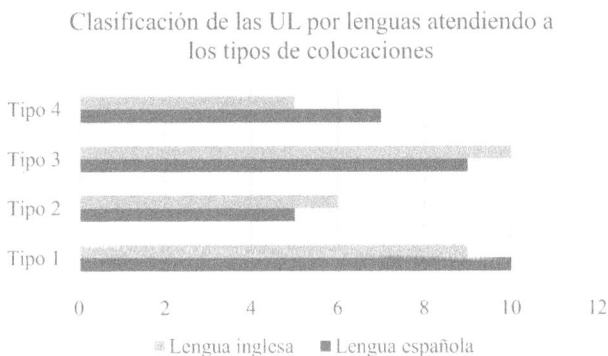

Figura 24. Gráfico que representa la clasificación de las UL por lenguas atendiendo a los tipos de colocaciones

Si realizamos una comparación entre ambas lenguas, observamos que se comportan de manera muy similar. Como se muestra en el gráfico anterior (Figura 24), en el caso de la lengua inglesa el tipo de colocación que más se

repite es el 3 (verbo + término) con una presencia en las unidades léxicas seleccionadas del 100 % (10/10), seguido por las colocaciones del tipo 1 con un 90 %
(9/10). Por el contrario, en el caso de la lengua española se invierte el orden,
siendo las colocaciones del tipo 1 las que tienen una presencia del 100 % (10/10)
y las del tipo 3 del 90 % (9/10). De igual forma, en ambas lenguas, los dos tipos
menos utilizados son el 2 y el 4, con una aparición del 50 % (5/10) y del 70 %
(7/10) en la lengua española respectivamente y del 60 % (6/10) y del 50 % (5/10)
en la lengua inglesa. Observamos, por lo tanto, el mismo fenómeno en ambas
lenguas, es decir, los tipos más y menos frecuentes en ambas son los mismos; no
obstante, en cada lengua se encuentran invertidos de posición, a saber, el más
frecuente en una de las lenguas es el segundo en la otra, y viceversa, al igual que
sucede con los menos frecuentes.

Si atendemos a las unidades léxicas en una lengua y sus equivalentes en la
otra, mencionadas en el anterior apartado, observamos que existen diferencias
en cuanto al tipo de colocaciones de estas unidades en ambas lenguas, puesto
que, por ejemplo, «personas discapacitadas» presenta únicamente colocaciones
de los tipos 1 y 3 (en ambos periódicos españoles) y «disabled people», también
en ambos periódicos británicos, recoge colocaciones de los cuatro tipos estudiados. El mismo fenómeno sucede con otra pareja de equivalentes, «personas
normales» / «normal people», que, en el caso de la primera en lengua española,
presenta colocaciones de los cuatro tipos en *ABC* y de tres de ellos en *El País*,
mientras que en el caso de la lengua inglesa solamente aparece en *The Guardian*
y presenta colocaciones de los tipos 1 y 3.

De igual manera, sucede el fenómeno contrario, es decir, parejas de equivalentes que tienen el mismo tipo de colocaciones en ambas lenguas, por ejemplo,
«personas mayores»/«elderly people» y «older people» y «personas con discapacidad»/«people with disabilities». En el caso de la unidad léxica relativa a la
edad, en la lengua inglesa está presente «elderly people» en ambos periódicos
con colocaciones de los cuatro tipos y «older people», presente en *The Telegraph*
solamente, muestra colocaciones de todos los tipos salvo el tipo 2, caso similar
a la lengua española, en el que la unidad tiene colocaciones de los cuatro tipos
en *ABC* y de tres de ellos, excepto del tipo 4, en *El País*. La segunda unidad que
cumple este fenómeno, «personas con discapacidad»/«people with disabilities»,
aparece en los cuatro periódicos que forman parte de nuestro corpus y presenta
colocaciones de los cuatro tipos en todos ellos, tanto en la lengua inglesa como
en la española.

4.3.3. Atendiendo a los campos semánticos de las colocaciones

En el apartado anterior hemos abordado la comparación de las colocaciones desde el punto de vista de la presencia de los diferentes tipos escogidos para el análisis en las unidades léxicas estudiadas. En este apartado realizaremos también una comparación de las colocaciones; no obstante, lo haremos desde el punto de vista de los diferentes campos semánticos en los que se pueden encuadrar cada una de ellas.

En el caso de los periódicos españoles, observamos que existen, en ambos, una serie de campos semánticos principales, que se detectan en la mayoría de las unidades, independientemente de si su uso está aceptado o no, como son el caso del empleo, el paradigma médico-rehabilitador, la economía, el acceso al trabajo, la autonomía personal y los cuidados. De igual forma, existen otros campos semánticos relacionados con una o dos de las unidades, como sucede con «personas normales», que las colocaciones de esta unidad se encuadran dentro del saber estar y dar una visión positiva de las mismas, o las de «personas sordas» (en ambos periódicos) y «personas ciegas» en *ABC* que las podemos englobar en el campo semántico de la comunicación y el acceso a la información. Asimismo, las dos unidades léxicas presentes solamente en *El País* presentan campos semánticos independientes al resto de unidades, como son los desplazamientos y la vivienda en el caso de «personas con movilidad reducida» y de la capacidad y afán de superación en «personas con síndrome de Down».

Sin embargo, aunque los dos periódicos y las unidades léxicas de cada uno de ellos compartan campos semánticos, las colocaciones no son las mismas, es decir, cada uno de ellos aborda estos campos con construcciones diferentes. Tal es el caso del campo semántico del empleo, que en «personas con discapacidad» en *ABC* se recoge «contratación de personas con discapacidad», mientras que en *El País* observamos la «inclusión» u «ocupación» laboral de las personas con discapacidad. Sucede lo mismo en esta unidad léxica con otro tipo de colocación, en este caso, del tipo 3 (verbo + término), puesto que en *El País* al tratar el campo semántico del empleo se utiliza el verbo «emplear», mientras que en el *ABC* se opta por cambiar la perspectiva y utilizar el verbo «trabajar». El mismo fenómeno se puede encontrar en otros campos semánticos, como es el caso del paradigma médico-rehabilitador, puesto que en el *ABC* se emplean verbos como «ayudar» o «facilitar» y en *El País* otros como «adaptar» o «integrar». Sucede lo mismo con las unidades no aceptadas por las asociaciones, puesto que en el caso del *ABC* al abordar el campo semántico del trabajo y el empleo en la unidad «personas discapacitadas» se utiliza «integración» o «inserción», mientras que en *El País* se opta por «crear empleo para» y en el campo semántico del paradigma médico-rehabilitador este periódico opta por «facilitar» o «asistir» y el *ABC* por «tratar» o «atención».

Más ejemplos de construcciones diferentes dentro del mismo campo semántico los encontramos en la unidad léxica «personas dependientes» dentro del campo de las prestaciones y ayudas que estas personas reciben, puesto que en el *ABC* se utiliza el verbo «cobrar», mientras que en *El País* se opta por utilizar «recibir». O, por ejemplo, dentro del campo semántico de los cuidados, observamos en la unidad «personas mayores» que en el *ABC* se opta por emplear «atender» y en *El País* utilizan «cuidar», que otorga, dentro de este periódico, una visión más negativa de estas personas, puesto que el verbo utilizado por el *ABC* es más neutro. No obstante, también encontramos el fenómeno contrario, es decir, la misma construcción en ambos periódicos dentro de un campo semántico concreto, como, por ejemplo, en el de saber estar y dar una visión positiva de «personas normales», puesto que en ambos periódicos se emplea el verbo «ser» o el adjetivo «corrientes» para referirse a estas personas.

Al analizar las colocaciones en los periódicos británicos desde el punto de vista de los campos semánticos en los que se pueden encuadrar, se detecta que los más frecuentes, en ambos e independientemente de si el uso de las unidades léxicas está aceptado o no por las diferentes asociaciones, se corresponden con el empleo, la salud, la edad y las necesidades. De igual modo, se observan algunos campos semánticos que solamente aparecen en algunas unidades léxicas y periódicos, como es el caso del dinero en «deaf people» en *The Guardian* o la protección en «vulnerable people» en *The Telegraph*. También es importante el campo semántico de la situación en la sociedad, especialmente en las unidades léxicas relativas a la edad, como es el caso de «older people» en *The Telegraph* y de «young people» y «elderly people» en *The Guardian*; no obstante, también detectamos este campo semántico en una unidad léxica diferente, concretamente en «deaf people» en el periódico *The Telegraph*.

Al igual que sucedía en los periódicos españoles, en los británicos también se observa que, aunque compartan campos semánticos, las colocaciones utilizadas para cada uno de ellos no son las mismas. Este es el caso del campo semántico de la salud en «disabled people», puesto que en *The Guardian* esta unidad aparece junto a «sick» o «ill», mientras que en *The Telegraph* se opta por colocaciones verbales con verbos como «help» o «care». Otro campo semántico en el que podemos encontrar distintas perspectivas dentro de esta unidad es el relativo a la visión y las actitudes hacia estas personas, puesto que en *The Guardian* se recoge el hecho de que estas personas sufran discriminación («discrimination») y en *The Telegraph* se muestra de una manera más neutra, simplemente como actitudes hacia estas personas («attitudes»).

En el caso de las unidades aceptadas, como es el caso de «people with disabilities», este fenómeno sucede también, puesto que se detecta como el último campo semántico mencionado, la visión y actitudes hacia estas personas, se aborda desde una perspectiva diferente en ambos periódicos, al hablar de nuevo de discriminación en *The Guardian* («discrimination») y de oportunidades y derechos («opportunities» y «rights») en *The Telegraph*.

De igual manera, podemos encontrar más ejemplos de diferencias y similitudes en los campos semánticos, más allá de estas dos unidades. Tal es el caso de la unidad «deaf people» dentro del campo semántico de las ayudas que se ofrecen a estas personas, puesto que *The Guardian* utiliza el verbo «aid», mientras que *The Telegraph* opta por «help». No obstante, en esta lengua observamos más ejemplos del fenómeno contrario, es decir, se utilizan más las mismas construcciones para ejemplificar los diferentes campos semánticos, como es el caso de la protección en el caso de «vulnerable people», puesto que ambos periódicos utilizan el verbo «protect» o, por ejemplo, en la unidad léxica «elderly people» en la que, dentro del campo semántico de los cuidados y en el de la vivienda, tanto *The Guardian* como *The Telegraph* utilizan el verbo «care» y el sustantivo «home», respectivamente.

Si observamos las dos lenguas, es decir, analizamos en detalle las unidades léxicas seleccionadas, independientemente del periódico en el que aparecen, los campos semánticos que las colocaciones muestran en cada una de ellas son bastante similares, es decir, son prácticamente los mismos en ambas lenguas, aunque en el caso de la española se centra sobre todo en dos: el empleo y el paradigma médico-rehabilitador. Por el contrario, la lengua inglesa tiene como campo semántico más representativo la salud y, en menor medida, el trabajo y la situación dentro de la sociedad de estas personas.

Atendiendo más en detalle a las unidades léxicas en cada una de las lenguas, dentro de las parejas de equivalentes encontramos que los campos semánticos de «disabled people» y «personas discapacitadas» cumplen lo mencionado en el párrafo anterior, al tener como campos representativos el empleo y la salud; no obstante, encontramos algunos campos semánticos solamente recogidos en la unidad léxica en lengua inglesa, como es el caso de los derechos o la visibilidad de estas personas. En el caso de las unidades léxicas aceptadas por las diferentes asociaciones, «personas con discapacidad» y «people with disabilities», detectamos el mismo fenómeno que en la que no tiene su uso aceptado, puesto que los campos semánticos principales son los mismos y hay algunos, como la inserción o la necesidad de ayuda, en el caso de la lengua española, y las capacidades y necesidades, en el de la inglesa, que son únicos de esa lengua.

En el caso del resto de unidades léxicas equivalentes dentro de las recogidas en nuestro análisis, aquellas que en ambas lenguas hacen referencia a la edad comparten los campos semánticos, como es el caso del relativo a los cuidados, presente en las unidades «personas mayores» y «elderly people». En las otras dos unidades en lengua inglesa que hacen referencia a la edad (en la lengua española solo encontramos la mencionada previamente) aparecen campos semánticos diferentes según el tramo de edad, siendo los deseos o aspiraciones el campo más relevante en «young people» o la vivienda y la salud los de la unidad «older people».

Otra de las parejas de unidades en la que encontramos diferentes campos semánticos, pese a ser equivalentes en ambas lenguas, es la de «personas normales» y «normal people»/«healthy people». En la primera unidad el campo semántico más representado es el del saber estar y dar una visión positiva de estas personas, mientras que en las de lengua inglesa, esta posición lo tiene la salud y el habla y la comunicación. Por último, la pareja «personas sordas»/«deaf people» comparten su campo semántico principal, la comunicación, aunque la unidad en lengua inglesa también recoge otros como es el del dinero, única unidad que lo recoge.

4.3.4. Atendiendo a la temporalidad de las unidades léxicas

La última perspectiva desde la que analizaremos las diferentes unidades léxicas y sus colocaciones presentes en nuestro análisis es la temporal, es decir, compararemos los años en los que ellas aparecen en nuestro corpus. Para ello, seguiremos el mismo modelo que en los apartados anteriores, comenzando con los periódicos españoles, a continuación, los británicos y, por último, haremos una comparación entre lenguas.

Dentro de los periódicos españoles existen algunas unidades léxicas como, por ejemplo «personas con discapacidad» o «personas sordas», que tienen una temporalidad similar en *ABC* y en *El País*. La primera de ellas está presente en todos los años del corpus, aunque, como en el caso del *ABC*, algunas de las colocaciones están centradas en los años iniciales del corpus y, en la segunda está restringida a los primeros años de nuestro corpus, siendo del 2011 el resultado más «reciente» de esa unidad. De igual manera, algunas de las unidades presentan diferencias en cuanto a los años en las que aparecen en los periódicos, como es el caso de «personas dependientes» o «personas mayores», que en el *ABC* sí que están restringidas al 2007 y al primer tercio de años seleccionados

(2007–2010) respectivamente, mientras que en *El País* no tienen una temporalidad restringida a un periodo concreto, teniendo mayor perdurabilidad en el tiempo y en nuestro corpus.

Asimismo, de algunas de las unidades que no tienen su uso recomendado por las asociaciones, observamos que tienen una temporalidad bastante extensa, como es el caso de «personas discapacitadas» o «personas normales», con una presencia en prácticamente todos los años que componen nuestro corpus en el *ABC*, con resultados desde el 2007 hasta el 2015, y muy similar en *El País*, aunque, en el caso de la primera unidad, estén más centrados los resultados en el segundo tercio de nuestro corpus.

Las unidades léxicas que solamente aparecen en uno de los periódicos tienen un comportamiento diferente, puesto que, de las del *ABC*, «personas ciegas» y «personas con problemas», se recogen resultados de prácticamente todos los años que componen nuestro corpus, aunque ambas están centradas en el primer tercio del mismo. En cuanto a las seleccionadas solamente en *El País*, «personas con movilidad reducida» y «personas con síndrome de Down», presentan un comportamiento diferente entre sí, teniendo la primera de ellas sus resultados, principalmente, en el primer y tercer tercio de nuestro corpus, y la segunda una perdurabilidad a lo largo de todos los años que componen DISCORP-PRESS.

En el caso de los periódicos británicos, observamos que no hay ninguna de las unidades seleccionadas en cada uno de ellos que se comporte de igual forma en ambos. Se detecta que las unidades en *The Guardian* tienen una presencia más duradera en el corpus, es decir, están presentes en un número mayor de años, como sucede con «disabled people», «people with disabilities», «healthy people» y «young people» en este periódico, de las que se recogen resultados de todos los años que conforman el corpus. De igual manera, el resto de unidades seleccionadas en *The Guardian* tienen su uso restringido a un periodo concreto dentro de DISCORP-PRESS, como «vulnerable people» y «normal people» con presencia en la segunda mitad del corpus (de 2011 en adelante), siendo 2013 el año con más resultados en el caso de la primera unidad. Por último, las dos unidades léxicas de este periódico con la temporalidad más restringida son «elderly people», en los años centrales del corpus (2009–2014), y «deaf people», centrada en los años 2008 y 2013.

Al analizar la temporalidad de *The Telegraph*, lo más reseñable es que no hay ninguna unidad léxica de las seleccionadas para este trabajo que esté presente en todos los años del corpus, siendo, en este periódico, la segunda mitad de los años que lo componen los más representados, con las unidades «disabled people», «elderly people» y «vulnerable people» como las más representativas de este fenómeno. Otras unidades, como «people with disabilities» e «ill people», tienen su temporalidad restringida al segundo tercio del corpus, aunque también con algún resultado de años posteriores en la segunda de ellas. Asimismo, las demás unidades de este periódico tienen aún más restringida su presencia en el corpus, como, por ejemplo, «deaf people», que está presente en el último tercio del corpus (aunque con presencia también en el año 2011); «healthy people», con ejemplos de varios años, pero sobre todo de los años centrales; y «older people», que presenta ejemplos de los últimos años, aunque también alguno residual en los años centrales (2010–2012).

Si observamos las dos lenguas, se detecta que no todas las parejas de equivalentes se comportan de la misma forma, como es el caso de «personas discapacitadas» y «disabled people», que tiene una mayor presencia temporal en la lengua española, con ejemplos en todos los años del corpus, mientras que en la lengua inglesa, pese a que está presente a lo largo del corpus, están sus resultados en *The Telegraph* restringidos a la segunda mitad del corpus y en *The Guardian* tienen una mayor presencia en los años centrales del mismo. Otra de las parejas que cumple este fenómeno son «personas mayores», presente en todos los años en los periódicos españoles y «elderly people», con resultados de los años centrales del corpus (*The Guardian*) y de la segunda mitad de los años (*The Telegraph*), y «older people», solo recogida en *The Guardian*, con una presencia marcada en los últimos años del corpus, aunque con resultados de los años centrales del mismo. La tercera, y última, pareja de equivalentes con un comportamiento diferente es la formada por «deaf people», con resultados centrados en años concretos (2008 y 2013) en *The Guardian* y en los últimos años del corpus en *The Telegraph*, y «personas sordas», con una presencia, tanto en el *ABC* como en *El País*, restringida al primer tercio del corpus.

Por el contrario, sí que existen dos parejas de equivalentes que tienen una temporalidad similar tanto en la lengua española como en la inglesa, aunque con ciertos matices. Tal es el caso de «personas con discapacidad», presente en los dos periódicos españoles en todos los años del corpus, y «people with disabilities», que sí que tiene resultados de todos los años en *The Guardian* y únicamente en el segundo tercio en *The Telegraph*. La otra unidad que tiene un comportamiento similar es «personas normales», que tiene una temporalidad extensa, resultados desde el 2007 al 2015, y «healthy people», que en *The Guardian* tiene un uso residual pero sí que está presente a lo largo del corpus (siendo 2007 su año más representado). El otro equivalente de esta pareja, «normal people», solamente aparece en *The Guardian* y tiene una presencia restringida a los últimos años del corpus.

En este apartado hemos presentado los resultados del análisis, en primer lugar, recogiendo mediante tablas las unidades léxicas seleccionadas en cada uno de los periódicos, así como sus colocaciones, para posteriormente compararlos de acuerdo con cuatro aspectos diferentes (unidades, colocaciones, campos semánticos y temporalidad). A continuación, en el siguiente apartado, mostraremos las conclusiones que hemos alcanzado mediante este análisis.

5 Conclusiones

El objetivo principal de este trabajo era obtener una aproximación de la evolución de la terminología de la discapacidad en los medios escritos de referencia (periódicos españoles y británicos más relevantes, de tirada nacional), así como de sus colocaciones y de las connotaciones. Con el fin de analizar esos fenómenos lingüísticos, en primer lugar, hemos seguido un protocolo de compilación de corpus, previamente seleccionado, para, posteriormente, diseñar una metodología que nos ha permitido explotar nuestro corpus, DISCORP-PRESS, a saber, empleando diferentes herramientas informáticas para extraer la terminología de la discapacidad, así como las diferentes unidades léxicas de los términos de estudio («personas» y «people») y sus colocaciones. Una vez extraídas y analizadas esas unidades y sus colocaciones, de acuerdo con cuatro factores, somos capaces de presentar estas conclusiones.

Por lo tanto, mediante el estudio de la terminología, constatamos que sí existe un cambio en la terminología de la discapacidad, es decir, dentro de las unidades léxicas. Esto se debe a que dentro de las unidades léxicas que se estudian en este trabajo se recogen algunas de ellas que las asociaciones, que hemos tomado como referencia, consideran que sí tienen un uso aceptado, lo que indica que la terminología de la discapacidad se emplea y está incluida dentro del uso cotidiano de la sociedad. No obstante, pese a que existen estas unidades, también encontramos, en el mismo periodo de tiempo que abarca DISCORP-PRESS, unidades léxicas que tienen su uso no recomendado por parte de estas mismas asociaciones. Esto indica que, aunque en nuestro corpus aparecen unidades que sí están aceptadas, estas conviven con aquellas que se supone que deberían estar desterradas de los medios de comunicación, por lo que se muestra dicha evolución hacia un carácter más inclusivo del lenguaje; no obstante, nos conduce también a la conclusión de que la terminología de la discapacidad está en un proceso de cambio, es decir, los términos con un uso aceptado se incluyen, pero todavía no se ha terminado de eliminar de nuestra sociedad aquellos que generan una imagen negativa de la sociedad, suponiendo incluso el 50 % de las unidades seleccionadas en alguno de los periódicos analizados, tanto en los de lengua española como los de lengua inglesa.

De igual modo, atendiendo a las colocaciones de las unidades léxicas, el segundo de los factores que hemos tenido en cuenta al comparar los resultados obtenidos, detectamos que no importa si la unidad léxica está aceptada o no, puesto que las colocaciones son las mismas en ellas, es decir, colocaciones que encontramos en una unidad con un uso aceptado, «personas con discapacidad», las encontramos en otra con uno no aceptado, como sucede en «personas discapacitadas». Sucede lo mismo en la lengua inglesa, puesto que encontramos las mismas colocaciones en «people with disabilities» (con el uso aceptado), que en «disabled people» (unidad con el uso no aceptado).

Por lo tanto, este uso idéntico de las mismas colocaciones en unidades léxicas que las asociaciones consideran obsoletas, que no deberían estar siquiera recogidas en los medios de comunicación y, por ende, en DISCORP-PRESS, y en aquellas que sí tienen el uso aceptado nos indica que, pese a que la terminología de la discapacidad adquiera un carácter inclusivo con la introducción de nuevas unidades léxicas, estas pronto adquieren una visión negativa debido a las connotaciones de estas colocaciones. Por ello, concluimos que se produce, en este aspecto, un cambio «a medias», es decir, el término sí que evoluciona, pero no el resto del texto que lo acompaña y, por asociación, la connotación inherente a él, lo que produce que la discapacidad y su terminología continúen teniendo una visión negativa dentro de la sociedad.

Esta visión negativa de la terminología de la discapacidad la observamos también en el tercero de los aspectos estudiados, los campos semánticos en los que se pueden encuadrar las diferentes colocaciones, puesto que hemos constatado que uno de los más significativos en la lengua española se corresponde con el paradigma médico-rehabilitador, que, como hemos recogido en la descripción de la discapacidad desde diferentes perspectivas, debería estar superado al haberse propuesto nuevos paradigmas y modelos de la discapacidad en las últimas décadas, como, por ejemplo, el modelo social o el paradigma de la autonomía personal. De igual forma, encontramos que uno de los campos semánticos más representado en la lengua inglesa es la preocupación por la situación de este colectivo en la sociedad. Por lo tanto, esto nos muestra que la total inclusión de este colectivo dentro de la sociedad no se ha producido, puesto que, en vez de ser mayoritarios aquellos campos que den una visión positiva y de superación de dificultades, así como de aceptación y bienestar, los más representativos son aquellos que perpetúan la imagen negativa tradicional de la discapacidad.

Por último, el cuarto de los factores empleados en el análisis para comparar los resultados, la temporalidad de las unidades léxicas y de sus colocaciones, nos muestra, como hemos mencionado en el primero de los factores, que en el periodo que abarca DISCORP-PRESS conviven unidades que tienen el uso aceptado por parte de las asociaciones con aquellas cuyo uso no está recomendado; teniendo, incluso, alguna de estas últimas una presencia más continuada en nuestro corpus que aquellas aceptadas, como el caso en la lengua española de «personas sordas», presente únicamente en los primeros años de nuestro corpus. Esta constatación nos hace corroborar, aún más, la convivencia de unidades léxicas cuyo uso está aceptado con aquellas que no lo tienen, lo que implica que estas últimas todavía no se han superado y que, en algunos casos, sucede el fenómeno contrario y que las unidades con un uso no aceptado superan en el tiempo a aquellas que deberían predominar y tener una mayor temporalidad.

Por tanto, mediante la explotación y el análisis de DISCORP-PRESS, concretamente de los términos «personas» y «people», aunque es posible replicar este análisis con otros términos y unidades léxicas, hemos podido verificar que el cambio en la terminología de la discapacidad existe, puesto que detectamos diferentes unidades léxicas para denominar la misma realidad, como es el caso de «personas discapacitadas» y «personas con discapacidad» en la lengua española y de «disabled people» y «people with disabilities» en la inglesa, siendo las segundas en cada lengua evolución de las otras dos. Esto nos muestra que la terminología de la discapacidad presenta una evolución y adquiere, con los nuevos términos, un carácter más inclusivo, pero que; no obstante, la connotación negativa asociada a la discapacidad y a las personas de este colectivo sigue vigente, puesto que las colocaciones empleadas en los medios de comunicación estudiados no han variado con el cambio de terminología y siguen siendo las mismas y se encuentran encuadradas en campos semánticos relativos a ideas que deberían estar superadas.

También hemos podido comprobar que no existe una diferencia significativa entre las dos lenguas de nuestro trabajo, es decir, tanto la lengua española como la lengua inglesa se comportan de manera muy similar en las unidades léxicas seleccionadas para nuestro análisis. Los términos de partida de nuestro análisis («personas», en lengua española, y «people», en la inglesa) son equivalentes entre sí, así como varias de las unidades léxicas seleccionadas, lo que nos ha permitido comprobar el comportamiento de las colocaciones y sus connotaciones contrastivamente. Analizar y estudiar los términos en español y sus equivalentes en lengua inglesa, así como el resto de unidades léxicas recogidas únicamente en una de las dos lenguas de trabajo, nos permite comprobar que el comportamiento de ambas lenguas es muy similar, así como las colocaciones, los campos semánticos a los que pertenecen las unidades léxicas y el empleo temporal de dichas unidades léxicas, que siguen patrones muy similares en las lenguas española e inglesa.

Asimismo, las colocaciones observadas en las unidades léxicas de las dos lenguas perpetúan la visión negativa de la discapacidad, es decir, ninguna de las dos muestra un carácter más neutro que la otra; no obstante, sí que es verdad que la riqueza léxica de la lengua española otorga una mayor variedad en cuanto a colocaciones y posibles connotaciones; sin embargo, en la lengua inglesa se observa también una gran variedad de colocaciones y visiones de las personas y la discapacidad.

En cuanto a la influencia de las diferentes ideologías presentes en los medios de comunicación seleccionados en nuestro estudio, podemos señalar que, aunque hemos identificado unidades léxicas, campos semánticos y colocaciones que únicamente se recogen en uno de los periódicos que forman parte de nuestro corpus, tanto en el caso de los españoles, como de los británicos, no consideramos que estos resultados, al ser aspectos muy puntuales en nuestro análisis y no impliquen una tendencia repetida en algunas de las unidades léxicas comunes en ambos periódicos de cada lengua, signifiquen que tienen un uso marcado por la ideología del periódico en el que aparecen. Además, en relación con la ideología, hemos detectado casos en los que los periódicos que han sido seleccionados para nuestro estudio por considerarse de «izquierdas», de acuerdo con las fuentes consultadas, muestran un comportamiento más conservador (por ejemplo, con la presencia durante más tiempo de una unidad cuyo uso no está aceptado o la repetición de campos semánticos que deberían estar superados) del que podríamos esperar.

Por lo tanto, analizado el corpus DISCORP-PRESS, eje central de este trabajo, concluimos que la sociedad avanza, pero no a la velocidad que las asociaciones esperan, puesto que la visión negativa de la discapacidad y lo que la rodea sigue vigente, debido a que, aunque se consiguen ciertos avances, como es el uso de una terminología diferente, estos se ven empañados por el mantenimiento de las colocaciones.

Si ponemos la vista en el futuro, el estudio aquí presentado se podría ampliar a más términos, con el fin de hacer extensible esta investigación a más aspectos dentro de la discapacidad, no únicamente a lo relativo a las personas, y observar si los fenómenos que aquí se describen son aplicables también a esos nuevos términos. Además, las personas con discapacidad no son el único colectivo que sufre discriminación a través del uso inapropiado del lenguaje, existen otros muchos colectivos en la misma situación, por lo que se podría abordar un estudio, siguiendo la misma metodología aquí propuesta, que incluyera y estudiara el lenguaje específico de estos colectivos, con el fin de lograr un uso no discriminatorio del mismo.

Para finalizar, consideramos que esta obra supone una aproximación a la terminología de la discapacidad y, además, podrá servir como referencia a los periodistas y los traductores que deban trabajar con documentos relativos a esta temática, tanto en la lengua española, como en la lengua inglesa, para lograr que no se produzca en ellos una discriminación de este colectivo a través de un uso inapropiado del lenguaje.

6 Referencias bibliográficas

Albaek, E., Van Dalen, A., Jebril, N., y De Vreese, C. H. 2014. *Political Journalism in Comparative Perspec-tive*. New York: Cambridge University Press.

Anthony, L. 2005. "AntConc: Design and development of a freeware corpus analysis toolkit for the technical wrting classroom". *2005 IEEE Interntational Professional Communication Conference Proceedings*, 729–737.

Anthony, L. 2017. *AntFileConverter (Versión 1.2.1)*. <https://bit.ly/3pwtQzo> (Fecha de consulta: 28 de octubre de 2021).

Anthony, L. 2020. *AntConc (Versión 3.5.9)*. <https://bit.ly/3E3veOg> (Fecha de consulta: 12 de diciembre de 2021).

Austermühl, F. 2001. *Electronic Tools for Translators*. Manchester: St. Jerome.

Baker, M. 1995. "Corpora in Translation Studies: An Overview and Some Suggestions for Future Research". *Target 7* (2). 223–243.

Baker, P. 2010. "Representations of Islam in British broadsheet and tabloid newspapers 1999–2005". *Journal of Language and Politics 9* (2), 310–338.

Ballester, M. 2012. "Lo políticamente correcto o el acoso a la libertad". *FAES. Cuadernos de pensamiento político abril-junio 2012*, 171–201.

Barraicoa, J. 2001. "Lo políticamente correcto. Una revolución sistemática". *Verbo 391–392*, 51–61.

Beltrán, M. 1990. "Sobre el lenguaje como realidad social". *Revista del Centro de Estudios Constitucionales 7*, 33–55.

Blanco, J. M. 2018. "El carrusel sin fin del lenguaje políticamente correcto". *Disidentia*. <https://disidentia.com/el-carrusel-sin-fin-del-lenguaje-politicamente-correcto/> (Fecha de consulta: 15 de noviembre de 2021).

Bosque, I. 2012. *Sexismo lingüístico y visibilidad de la mujer*. Madrid: Real Academia Española.

Bowker, L. 2002. *Computer-aided translation terminology: A practical introduction*. Ottawa: University of Ottawa Press.

Bowker, L. y Pearson, J. 2002. *Working with Specialized Language: A practical guide to using corpora*. London / New York: Routledge.

Brill, E. 1994. "Some advances in transformation-based part-of-speech tagging". *Proceedings of the 12th National Conference on Artificial Intelligence (AAAI-94)*, 722–727.

Britannica, T. Editors of encyclopaedia (2021). "The Daily Telegraph". *Encyclopedia Britannica*. <https://bit.ly/2XwFr64> (Fecha de consulta: 22 de octubre de 2021).

Britannica, T. Editors of encyclopaedia (2021). "The Guardian". *Encyclopedia Britannica*. <https://bit.ly/3BYUlRA> (Fecha de consulta: 22 de octubre de 2021).

Brufau Alvira, N. 2011. "Traducción y género: el estado de la cuestión en España". *MonTI. Monografías De Traducción E Interpretación* 3, 181–207. DOI: https://doi.org/10.6035/MonTI.2011.3.7.

Calzada Pérez, M. y Laviosa, S. 2021. "Un cuarto de siglo después: Tiempo para reflexionar sobre una nueva agenda de los ETBS". *MonTI*, 13, 33–61. DOI: http://dx.doi.org/10.6035/MonTI.2021.13.01

Casals Carro, M.ª J. 1998. "La opinión enjaulada: el pensamiento único, el lenguaje políticamente correcto y el falseado concepto de la objetividad". *Derecho y Opinión* 6, 599-606.

Castillo Rodríguez, C., Díaz Lage, J. M., y Rubio Martínez, B. 2020. "Compiling and analyzing a tagged learner corpus: a corpus-based study of adjective uses". *Círculo de Lingüística Aplicada a la Comunicación 81*, 115–136.

COCEMFE. 2018. *Lenguaje inclusivo. Pautas para el uso de un lenguaje correcto, respetuoso y consensuado para referirse a las personas con discapacidad física y orgánica y comunicar de manera no sexista.* Madrid: COCEMFE.

Collins Dictionary. 2019. "Quality newspaper". *Collins English Dictionary*. <https://bit.ly/3m9hDip> (Fecha de consulta: 10 de octubre de 2021).

Constitución española. *Boletín Oficial del Estado,* 311, de 29 de diciembre de 1978, 29313 a 29424. <https://bit.ly/2Ziincf> (Fecha de consulta: 02 de septiembre de 2021).

Convención Internacional sobre los Derechos de las Personas con Discapacidad, *Boletín Oficial del Estado*, 96, de 21 de abril de 2008., 20648 a 20659. <https://bit.ly/3AWJPJi> (Fecha de consulta: 15 de noviembre de 2021).

Corpas Pastor, G. 1996. *Manual de fraseología española.* Madrid: Gredos.

Corpas Pastor, G. 2001. "Apuntes para el estudio de la colocación". *LEA XXIII*, 41–56.

Corpas Pastor, G. 2001. "Compilación de un corps ad hoc para la enseñanza de la traducción inversa especializada". *TRANS. Revista de Traductología*, 5, 155–184.

Corpas Pastor, G. y Seghiri, M. 2010. "Size Matters: A Quantitative Approach To Corpus Representativeness". En Rabadán, R. (Ed.), *Lengua, traducción, recepción. En honor de Julio César Santoyo / Language, translation, reception.*

To honor Julio César Santoyo. León: Universidad de León, Secretariado de Publicaciones y Medios Audiovisuales, 112–146.

Corpas Pastor, G. y Seghiri, M. 2009. "Virtual Corpora as Documentation Resources: Translating Travel Insurance Documents (English-Spanish)". En Beeby, A., Rodríguez Inés, P., y Sánchez-Gijón, P. (Eds.), *Corpus Use and Translating*. Amsterdam/Philadephia: John Benjamins, 75–107.

Corpas Pastor, G., y Seghiri, M. 2007. "Determinación del umbral de representatividad de un corpus mediante el algoritmo N- Cor". *SEPLN: Revista de la Sociedad Española para el Procesamiento del Lenguaje Natural, 39*, 165–172.

Del Río, E. 2001. *Disentir, resistir, entre dos épocas*. Madrid: Talasa.

Díaz Cintas, J. 2007. "Por una preparación de calidad en accesibilidad audiovisual". *Trans. Revista de traductología, 2*, 45–59.

Díaz Velázquez, E. 2017. *El acceso a la condición de ciudadanía de las personas con discapacidad en España. Un estudio sobre la desigualdad por razón de discapacidad*. Madrid: Grupo Editorial Cinca.

Drouin, P. 2003. "Term extraction using non-technical corpora as a point of leverage". *Terminology 9*(1), 99–115.

Equality Act 2010. *HM Stationery Office*. <https://bit.ly/3m1rwhR> (Fecha de consulta: 12 de noviembre de 2021).

ESADE. 2008. *Manual lenguaje no discriminatorio*. Barcelona: Universitat Ramon Llull.

Faya Ornia, G. 2014. "Revisión y propuesta de clasificación de corpus". *Babel 60*(2), 234–252.

Fernández Nistal, P. 2020. "Los corpus como herramienta de traducción para los traductores e intérpretes del siglo XXI: El caso del chorizo ibérico de bellota". En Álvarez Álvarez, S. y Ortego Antón, M. T. (Eds.), *Perfiles estratégicos de traductores e intérpretes. La transmisión de la información experta multilingüe en la sociedad del conocimiento del siglo XXI*. Granada: Comares, 143–160.

Frutos, I. y Rodríguez, P. 2001. *Guía para un uso no discriminatorio del lenguaje (en el entorno de la discapacidad)*. Ávila: Fundación Abulense para el Empleo (FUNDABEM).

Fundación ONCE. 2008. *Guía para un uso no sexista del lenguaje. Incluye una mirada especial al empleo y a la discapacidad*. Madrid: Fundación ONCE.

Gabrielatos, C., y Baker, P. 2008. "Fleeing, Sneaking, Flooding. A Corpus Analysis of Discursive Constructions of Refugees and Asylum Seekers in the UK Press, 1996–2005". *Journal of English Linguistics 36*(1), 5–38.

Gil, J.M. 2020. "Las paradojas excluyentes del «lenguaje inclusivo»: sobre el uso planificado del morfema flexivo –e". *RSEL* 50(1), 65-84.

Guitart Escudero, M. P. 2005. *Lenguaje político y lenguaje políticamente correcto en España (con especial atención al discurso parlamentario)*. Valencia: Universitat de València, Servei de Publicacions.

Gurrea, J. A. 2004. *En el reino del eufemismo. Somos totalmente correctos. Etcétera. Una ventana al mundo de los medios.* <https://bit.ly/3aYsIw5> (Fecha de consulta: 10/10/2021).

Haro Tecglen, E. 1997. *Diccionario político.* Barcelona: Planeta.

Jiménez Hurtado, C. (Ed.). 2007. *Traducción y accesibilidad. Subtitulación para sordos y audiodescripción para ciegos: nuevas modalidades de Traducción Audiovisual.* Frankfurt: Peter Lang

Kilgarriff, A., Rychly, P., Smrz, P., y Tugwell, D. 2004. "The Sketch Engine". *Proceedings of Eurlex*, 105–116.

L'Homme, M. 2004. *La Terminologie: principles et techniques.* Montréal: Presses de l'Université de Montréal.

L'Homme, M. 2020. *Lexical Semantics for Terminology. An Introduction.* Ámsterdam/Philadelphia: John Benjamins.

Laviosa, S. 1997. "How Comparable can 'Comparable Corpora' Be?" *Target 9*(2), 289–319.

Ley Orgánica 3/2007, de 22 de marzo, para la igualdad efectiva de mujeres y hombres. *Boletín Oficial del Estado*, 71, de 23 de marzo de 2007, 12611 a 12645. <https://bit.ly/3vF9vsT> (Fecha de consulta: 17 de diciembre de 2021).

Linton, S. 2006. "Reassigning Meaning". En Davis, L. J. (Ed.), *The Disability Studies Reader (2nd edition)*. New York: Routledge, 161–172.

Martín Ruano, M.ª R. 2006. "Gramática, ideología y traducción: problemas de la transferencia asociados al género gramatical". En García, P. E., y De Kock, J. (Eds.), *Gramática y traducción*. Salamanca: Ediciones Universidad de Salamanca, 205–238.

Martínez, A. 2019. "La cultura como motivadora de sintaxis. El lenguaje inclusivo". *Cuadernos de la ALFAL 11* (2), 186–198.

Matamala, A. 2019. *Accessibilitat i traducció audiovisual.* Vic: Eumo Editorial.

McEnery, T. y Hardie, A. 2012. *Corpus linguistics: Method, theory and practice.* Amsterdam/Philadelphia: John Benjamins.

McEnery, T., Xiao, R. y Tono, Y. 2006. *Corpus-based language studies: An advanced resource book.* London: Routledge.

Ministerio de Trabajo y Asuntos Sociales. 2004. *Declaración de Salamanca.* I Encuentro sobre "Periodismo y Discapacidad". <https://bit.ly/3B3pAtp> (Fecha de consulta: 15 de septiembre de 2021).

Moscoso Pérez, M. 2010. "Tirar la piedra y esconder la mano: El lenguaje de lo políticamente correcto en la discapacidad". *Intersticios: Revista sociológica de pensamiento crítico 4* (2), 270–276.

Orero, P. 2005. "La inclusión de la accesibilidad en comunicación audiovisual dentro de los estudios de traducción audiovisual". *Quaderns. Revista de traducció* 12, 173–185.

Organización de las Naciones Unidas. 2006. *Convención sobre los derechos de las peronas con discapacidad.* <https://www.un.org/development/desa/disab ilities-es/convencion-sobre-los-derechos-de-las-personas-con-discapaci dad-2.html> (Fecha de consulta: 17 de noviembre de 2021).

Organización Mundial de la Salud. 1983. *Clasificación internacional de deficiencias, discapacidades y minusvalías.* Madrid: Ministerio de Asuntos Sociales. Instituto Nacioal de Servicios Sociales.

Organización Mundial de la Salud. 2001. *Clasificación Internacional del Funcionamiento, de la Discapacidad y de la Salud (CIF).* Madrid: Ministerio de Trabajo y Asuntos Sociales. Secretaría General de Asuntos Sociales. Instituto de Migraciones y Servicios Sociales (IMSERSO).

Organización Mundial de la Salud. 2020. *Discapacidad y salud.* <https://www. who.int/es/news-room/fact-sheets/detail/disability-and-health> (Fecha de consulta: 11 de diciembre de 2021).

Organización Mundial de Personas con Discapacidad (OMPD). 1981. *Constitución de la Organización Mundial de Pesonas con Discapacidad (OMPD).* <<https://bit.ly/3m4Az1H> (Fecha de consulta: 10 de noviembre de 2021).

Ortego Antón, M.ᵃ T. 2019. *La terminología del sector agroalimentario (español-inglés) en los estudios contrastivos y de traducción especializada basados en corpus: los embutidos.* Berlín: Peter Lang.

Ortego Antón, M.ᵃ T. 2020. "Las fichas descriptivas de embutidos en español y en inglés: un análisis contrastivo de la estructura retórica basado en corpus". *Revista Signos. Estudios de Lingüística* 53(102), 170–194.

Ortego Antón. M.ᵃ T. 2021. "E-DriMe. A Spanish-English frame-based dictionary about died meats". *Terminology. Inter-national Journal of Theroretical and Applied Issues in Special-ized Communication*, 27 (2), 294–321. DOI: https://doi.org/10.1075/term.20013.ort.

Ortego Antón, M.ª T. (en prensa). *La investigación en tecnologías de la traducción. Parámetros de la digitalización presente y la posible incidencia en el perfil de los futuros profesionales de la comunicación interlingüística.* Berlín: Peter Lang.

Palacios, A. y Bariffi, F. 2007. *La discapacidad como una cuestión de derechos humanos. Una aproximación a la Convención Internacional sobre los Derechos de las Personas con Discapacidad.* Madrid: Ediciones Cinca.

Pérez, M. E. y Chhabra, G. 2019. "Modelos teóricos de discapacidad: un segui-miento del desarrollo histórico del concepto de discapacidad en las últimas cinco décadas". *Revista Española de Discapacidad, 7* (I): 7–27.

Pettegree, A. (Ed.) 2018. *Broadsheets. Single-sheet publishing in the first age of print.* Leiden/Boston: Brill.

Pew Research Center. 2018. *In Western Europe, Public Attitudes Toward News Media More Divided by Populist Views Than Left-Right Ideology.* <https://pewrsr.ch/3b0JlHq> (Fecha de consulta: 15 de octubre de 2021).

Pizarro, I. 2017. "A corpus-based analysis of genre-specifc multi-word combi-nations. Minutes in English and Spanish". En Egan, T. y Dirdal, H. (Eds.), *Cross-linguistic Correspondences: From lexis to genre.* Amsterdam / Philadel-phia: John Benjamins, 221–252.

Plena Inclusión. 2017. *Posicionamiento de Plena Inclusión sobre terminología.* <https://bit.ly/3Gclbsa> (Fecha de consulta: 03 de octubre de 2021).

Puig de la Bellacasa, R. 1990. "Concepciones, paradigmas y evolución de las mentalidades sobre la discapacidad". En Casado, D., Duncan, B., García Garcilazo, H., Kolucki, B., Puig de la Bellacasa, R., y Del Río, P. (Eds.), *Dis-capacidad e Información.* Madrid: Real Patronato de Prevención y Atención a Personas con Minusvalías, 63–96.

Real Decreto Legislativo 1/2013, de 29 de noviembre, por el que se aprueba el Texto Refundido de la Ley General de derechos de las personas con discapa-cidad y de su inclusión social. *Boletín Oficial del Estado*, 289, de 3 de diciem-bre de 2013, 95635 a 95673. <https://bit.ly/3DX9i7a> (Fecha de consulta: 15 de septiembre de 2021).

Romañach, J. y Lobato, M. 2007. "Diversidad funcional, nuevo término para la lucha por la dignidad en la diversidad del ser humano". En Álvarez Pousa, L.; Villanueva, J.; Barberena Fernández, T.; Reboiras Loureiro, O.; y, Evans Pim, J. (Coord.), *Comunicación y discapacidades.* Pontevedra: Colexio Profesional de Xornalistas de Galicia, Observatorio Galego dos Medios, 321–330.

Rubio A. 2013. *Las innovaciones en la medición de la igualdad.* Madrid: Dykin-son.

Rubio Arribas, F. J. 2005. "El prejuicio y el lenguaje como factores de discrimi-nación en la discapacidad". *Nómadas. Critical Journal of Social and Juridical Sciences*, 11 (1), 131–136.

Sánchez-Ramos, M. M. 2017. "Metodología de corpus y formación en la tra-ducción especializada (inglés-español): una propuesta para la mejora de la adquisición de vocabulario especializado". *Revista de Lingüística y Lenguas Aplicadas, 12*, 137–150.

Sánchez-Ramos, M. M. 2017. "Compilación y análisis de un corpus ad hoc como herramienta de documentación electrónica en Traducción e Interpretación en los Servicios Públicos (TISP)". *Estudios de Traducción, 7*, 177–190.

Santaemilia, J. (Ed.). 2005. *Gender, Sex and Translation. The Manipulation of Identities*. London: Routledge.

Santana Lario, J. 1997. "¿"Politically correct" o "lexically disadvantaged"? Los mecanismos léxicos de la corrección política en inglés y otras estrategias de ocultación lingüística de la realidad". *Teoría y práctica de la lexicología: V Jornadas internacionales sobre estudio y enseñanza del léxico*, 319–346.

Scales, B. J. y Gilles, M. M. 1995. "Lexis-Nexis in an academic reference environment: User policies and instruction methods". *Reference Services Review, 23* (3), 85–96.

Seghiri, M. 2006. *Compilación de un corpus trilingüe de seguros turísticos (español-inglés-italiano). Aspectos de eva-luación, catalogación, diseño y representatividad*. [Tesis doctoral, Universidad de Málaga]. <http://hdl.han dle.net/10630/2715> (Fecha de consulta: 09 de septiembre de 2021).

Seghiri, M. 2011. "Metodología protocolizada de compilación de un corpus de seguros de viajes: aspectos de diseño y representatividad". *RLA, Revista de Lingüística Teórica y Aplicada, 49* (2), 13–30.

Seghiri, M. 2015. "Determinación de la representatividad cuantitativa de un corpus ad hoc bilingüe (inglés-español) de manuales de instrucciones generales de lectores electrónicos/ Establishing the quantitative representativeness of an E-Reader User's Guide ad hoc corpus (English-Spanish)". En: Sánchez Nieto, M. T. (Ed.), *Corpus-Based Translation and Interpreting Studies. From Description to Application*. Berlín: Frank & Timme, 125–146.

Seghiri, M. 2017. "Metodología de elaboración de un glosario bilingüe y bidi-reccional (inglés-español/español-inglés) basado en corpus para la traducción de manuales de instrucciones de televisores". *Babel, 63* (1), 43–64.

Sidorov, G., Velasquez, F., Stamatatos, E., Gelbukh, A. y Chanona-Hernández, L. 2014. "Syntatic N-grams as machine learning features for natural language processing". *Expert Systems with Applications 41(3)*, 853–860.

Sinclair, J. 1996. "The Search for Units of Meaning". *TEXTUS, Vol. IX*, 75–106.

Sinclair, J. 2005. "Corpus and Text – Basic Principles". En Wynne, M. (Ed.), *Developing Linguistic Corpora: a Guide to Good Practice*. Oxford: Oxbow Books, 1–16.

Smith, M. 2017. "How left or right-wing are Britain's newspapers?" *The Times*. <https://bit.ly/3ly7aLp> (Fecha de consulta: 02 de octubre de 2021).

Toledo Báez, M. C., y Martínez Lorente, R. 2018. "Spanish-French collocations, locutions, and syntagmatic compounds referring to diabetes in the

Cordiabicom comparable corpus". *Panacea-boletín de medicina y traducción, 19*(47), 106–114.

Úcar Ventura, P. 2019. "De Arrob@, lenguaje inclusivo y profesiones "femeninas" en los medios de comunicación". *Acta Herediana 62*(1), 120–128.

Vargas, CH. 2005. *Aproximación terminográfica al lenguaje de la piedra natural: propuesta de sistematización para la elaboración de un diccionario traductológico.* [Tesis Doctoral, Universidad de Alicante]. <http://rua.ua.es/dspace/handle/10045/13272> (Fecha de consulta: 13 de octubre de 2021).

Von Flotow, L. 2007. "Gender and Translation". En Kuhiwczak, P. y Littau, K. (Eds.), *A Companion to Translation Studies.* Bristol: Multilingual Matters. 92–105.

Zanettin, F. 1998. "Bilingual Comparable Corpora and the Training of Translators". *Meta, 43*(4), 616–630.

Zottola, A. 2019. "(Trans)Gender in the News: Specialized language in the UK Press. A corpus-based discourse analysis". *Lingue e Linguaggi 29*, 461–480.

Studien zur romanischen Sprachwissenschaft und interkulturellen Kommunikation

Herausgegeben von Gerd Wotjak, José Juan Batista Rodríguez und Dolores García-Padrón

Die vollständige Liste der in der Reihe erschienenen Bände finden Sie auf unserer Website
https://www.peterlang.com/view/serial/SRSIK

Band 110 Joaquín García Palacios / Goedele De Sterck / Daniel Linder / Nava Maroto / Miguel Sánchez Ibáñez / Jesús Torres del Rey (eds): La neología en las lenguas románicas. Recursos, estrategias y nuevas orientaciones. 2016.

Band 111 André Horak: Le langage fleuri. Histoire et analyse linguistique de l'euphémisme. 2017.

Band 112 María José Domínguez Vázquez / Ulrich Engel / Gemma Paredes Suárez: Neue Wege zur Verbvalenz I. Theoretische und methodologische Grundlagen. 2017.

Band 113 María José Domínguez Vázquez / Ulrich Engel / Gemma Paredes Suárez: Neue Wege zur Verbvalenz II. Deutsch-spanisches Valenzlexikon. 2017.

Band 114 Ana Díaz Galán / Marcial Morera (eds.): Estudios en Memoria de Franz Bopp y Ferdinand de Saussure. 2017.

Band 115 Mª José Domínguez Vázquez / Mª Teresa Sanmarco Bande (ed.): Lexicografía y didáctica. Diccionarios y otros recursos lexicográficos en el aula. 2017.

Band 116 Joan Torruella Casañas: Lingüística de corpus: génesis y bases metodológicas de los corpus (históricos) para la investigación en lingüística. 2017.

Band 117 Pedro Pablo Devís Márquez: Comparativas de desigualdad con la preposición de en español. Comparación y pseudocomparación. 2017.

Band 118 María Cecilia Ainciburu: La adquisición del sistema verbal del español. Datos empíricos del proceso de aprendizaje del español como lengua extranjera. 2017.

Band 119 Cristina Villalba Ibáñez: Actividades de imagen, atenuación e impersonalidad. Un estudio a partir de juicios orales españoles. 2017.

Band 120 Josefa Dorta (ed.): La entonación declarativa e interrogativa en cinco zonas fronterizas del español. Canarias, Cuba, Venezuela, Colombia y San Antonio de Texas. 2017.

Band 121 Celayeta, Nekane / Olza, Inés / Pérez-Salazar, Carmela (eds.): Semántica, léxico y fraseología. 2018.

Band 122 Alberto Domínguez Martínez: Morfología. Procesos Psicológicos y Evaluación. 2018.

Band 123 Lobato Patricio, Julia / Granados Navarro, Adrián: La traducción jurada de certificados de registro civil. Manual para el Traductor-Intérprete Jurado. 2018.

Band 124 Hernández Socas, Elia / Batista Rodríguez, José Juan / Sinner, Carsten (eds.): Clases y categorías lingüísticas en contraste. Español y otras lenguas. 2018.

Band 125 Miguel Ángel García Peinado / Ignacio Ahumada Lara (eds.): Traducción literaria y discursos traductológicos especializados. 2018.

Band 126 Emma García Sanz: El aspecto verbal en el aula de español como lengua extranjera. Hacia una didáctica de las perífrasis verbales. 2018.

Band 127 Miriam Seghiri. La lingüística de corpus aplicada al desarrollo de la competencia tecnológica en los estudios de traducción e interpretación y la enseñanza de segundas lenguas. 2019 (forthcoming)

Band 128 Pino Valero Cuadra / Analía Cuadrado Rey / Paola Carrión González (eds.): Nuevas tendencias en traducción: Fraseología, Interpretación, TAV y sus didácticas. 2018.

Band 129 María Jesús Barros García: Cortesía valorizadora. Uso en la conversación informal española. 2018.

Band 130 Alexandra Marti / Montserrat Planelles Iváñez / Elena Sandakova (éds.): Langues, cultures et gastronomie : communication interculturelle et contrastes / Lenguas, culturas y gastronomía: comunicación intercultural y contrastes. 2018.

Band 131 Santiago Del Rey Quesada / Florencio del Barrio de la Rosa / Jaime González Gómez (eds.): Lenguas en contacto, ayer y hoy: Traducción y variación desde una perspectiva filológica. 2018.

Band 132 José Juan Batista Rodríguez / Carsten Sinner / Gerd Wotjak (Hrsg.): La Escuela traductológica de Leipzig. Continuación y recepción. 2019.

Band 133 Carlos Alberto Crida Álvarez / Arianna Alessandro (eds.): Innovación en fraseodidáctica. tendencias, enfoques y perspectivas. 2019.

Band 134 Eleni Leontaridi: Plurifuncionalidad modotemporal en español y griego moderno. 2019.

Band 135 Ana Díaz-Galán / Marcial Morera (eds.): Nuevos estudios de lingüística moderna. 2019.

Band 136 Jorge Soto Almela: La traducción de la cultura en el sector turístico. Una cuestión de aceptabilidad. 2019.

Band 137 Xoán Montero Domínguez (ed.): Intérpretes de cine. Análisis del papel mediador en la ficción audiovisual. 2019.

Band 138 María Teresa Ortego Antón: La terminología del sector agroalimentario (español-inglés) en los estudios contrastivos y de traducción especializada basados en corpus: los embutidos. 2019.

Band 139 Sara Quintero Ramírez: Lenguaje creativo en el discurso periodístico deportivo. Estudio contrastivo en español, francés e inglés. 2019.

Band 140 Laura Parrilla Gómez: La interpretación en el contexto sanitario: aspectos metodológicos y análisis de interacción del intérprete con el usuario. 2019.

Band 141 Yeray González Plasencia: Comunicación intercultural en la enseñanza de lenguas extranjeras. 2019.

Band 142 José Yuste Frías / Xoán Manuel Garrido Vilariño (Hrsg.): Traducción y Paratraducción. Líneas de investigación. 2020.

Band 143 María del Mar Sánchez Ramos: Documentación digital y léxico en la traducción e interpretación en los servicios públicos (TISP): fundamentos teóricos y prácticos. 2020.

Band 144 Florentina Mena Martínez / Carola Strohschen (eds.): Challenges of Teaching Phraseology in the 21st Century. 2020.

Band 145 Yuko Morimoto / Rafael García Pérez (eds.): De la oración al discurso: estudios en español y estudios contrastivos. 2020.

Band 146 Miguel Ibáñez Rodríguez (ed.): Enotradulengua: Vino, lengua y traducción. 2020.

Band 147 Miguel Ángel García Peinado / José Manuel González Calvo (eds.): Estudios de literatura y traducción. 2020.

Band 148 Fernando López García (ed.): La involuntariedad en español. 2020.

Band 149 Julián Sancha: La injerencia del sexo en el lenguaje. 2020.

Band 150 Joseph García Rodríguez: La fraseología del español y el catalán: Semántica cognitiva, simbolismo y contrastividad. 2020.

Band 151 Melania Cabezas-García: Los términos compuestos desde la Terminología y la Traducción. 2020.

Band 152 Inmaculada Clotilde Santos Díaz: El léxico bilingüe del futuro profesorado. Análisis y pautas para estudios de disponibilidad léxica. 2020.

Band 153 Alfonso Corbacho Sánchez / Mar Campos Fernández-Fígares (eds.): Nuevas reflexiones sobre la fraseología del insulto. 2020.

Band 154 Míriam Buendía-Castro: Verb Collocations in Dictionaries and Corpus: an Integrated Approach for Translation Purposes. 2021.

www.peterlang.com

www.ingramcontent.com/pod-product-compliance
Lightning Source LLC
Chambersburg PA
CBHW030245100426
42812CB00002B/330